# 朴槿惠的品格力量

宋率◎著

商务印书馆国际有限公司

无论任何事情，

我都会坦然接受并想办法克服。

因为上天给我的使命，

正是“创造新的希望”。

——朴槿惠

**朴槿惠宣誓就任韩国总统。**

2013年2月25日，朴槿惠正式就任韩国第18任总统，成为韩国历史上首位女总统。1952年出生的朴槿惠，经历过刻骨铭心的幸福和痛苦。人们对于她的关注，不仅因为她的性别，她的不凡经历，更因为她的品格力量。

**朴槿惠在青瓦台的青春时光。**

朴槿惠9岁时随发动军事政变的父亲入住青瓦台。22岁时母亲遭遇刺杀，她匆匆结束法国留学生涯回国，化悲伤为力量，代行“第一夫人”的职责。27岁时父亲遇刺身亡，她泪别青瓦台。

**痛苦和绝望赋予了朴槿惠强大淡定的内心。**

离开青瓦台，朴槿惠无依无靠，此后过了18年的隐居生活。朴槿惠精神上承受着极大的痛苦和绝望，但令人惊奇的是，她不仅顽强地克服了这些艰难和困苦，而且实现了自己坚强而又成熟的完美蜕变。正如她所说：“所谓人生的胜利就是战胜自己，一切莫过于此。对战胜了自己的人来说，其他的人都不是竞争对手。”

**朴槿惠遭袭，脸部受伤。**

2006年5月，韩国地方选举期间，朴槿惠遭到不明身份男子用文具刀袭击，右脸被割伤。伤口长达11厘米，从耳朵一直到下巴，医生为她缝了17针。遇刺后，她神色镇定，只是用手捂住了伤口，仍想发表讲话。

**魅力朴槿惠。**

她态度低调，佩戴母亲遗留的首饰，继承了母亲优雅的衣着品位；她性格坚定冷静，誓言打破韩国政坛的男人统治，被人称为“冰公主”“韩国撒切尔”。许多人认为，朴槿惠具备韩国传统女性的温柔、有礼、安静和耐心，而同时又继承了其父亲的钢铁意志。

**朴槿惠的领导风范。**

朴槿惠这样阐述她的使命："我选择了希望。我能够走到现在绝不是仅凭自己的力量。我能够强忍住那些常人无法承受的悲伤，是因为我的人生不仅仅属于我自己。现在，我的人生需要全新起航。我不会逃避。无论任何事情，我都会坦然接受；无论任何困难，我都会尽力克服。上天给我的使命正是'创造新的希望'。"

# 前　言

曾经有人做了一个调查：什么事情让你最感动？有人回答，在你最穷困潦倒的时候，依然有人愿意帮助你；有人回答，梦想得到了实现；还有的人说是相爱的两个人经历过种种磨难后，终于走到一起，等等。但这些都只是让我们自己或者少数几个人感动的事情。有一种人，他们感动、鼓舞众人，只要你见到他们就会觉得亲切，获得力量。朴槿惠就是这么一个人。

2012年12月19日以后，朴槿惠的名字响彻全球，她的人生故事，感动了韩国，震撼了整个东亚，甚至鼓舞了整个世界。她成为了韩国第18任总统，也是东亚历史上第一位女总统。

很多和朴槿惠一起工作过的人都有这样的感受："遇到这样的政治人，我们就像长期干旱、贫瘠的土地突逢甘霖一样，感到无比的激动。"那么，朴槿惠究竟是怎样的人呢？在未成为总统之前过的是什么样的生活呢？

朴槿惠是韩国前总统朴正熙之女，但她跟大多数人一样，童年的时候，过着平凡而幸福的生活。但她的这种平凡且幸福的生活并没有持续多久，在她最好的年华里，遇到了这个世界上最让人绝望的事情：她的父母接连被刺杀。她被迫成为了弟弟妹妹的"家长"。

众所周知，韩国女性的社会地位不是很高。在这样一个国家，一个失去父母的女孩要忍受失去双亲的痛苦，独自去面对未来的挑战，需要一颗强大的内心，尤其需要极强的承受力、忍耐力。

朴槿惠的父亲去世后，后任总统全斗焕掀起了一场批判朴正熙总统的运动。马上，很多人纷纷背叛了她，高高在上的公主似乎一下子变成了这个世界上最可怜的人。从朴槿惠的故事中，我们能感觉到朴槿惠的喜怒哀乐，能从她的痛苦中寻找到力量。因为她自己也认为，她跟我们一样，是一个平凡得不能再平凡的人。

在韩国，一个未婚女人面对着社会要承受巨大的舆论压力。而一个未婚的女人要想在政坛崭露头脚，更需要很大的勇气和高超的智慧。所有的一切困难，我们无法想象。但是，她——朴槿惠竟然实现了自己的理想，成为了韩国历史上第一位女总统！这是多么震撼人心的壮举！

她是“独裁者的女儿”，遭遇众叛亲离，曾经的政治资本沦为了日后的政治包袱；她是“三无女人”——没有父母，没有丈夫，没有子女，孤立无援，被痛苦重重包围。但最终，她成为了东亚第一位女总统。她的人生大起大落，背负着个人、家庭和国家的沉重磨难；她的内心坚不可摧，冲破了命运、性别和历史的层层围剿。

为什么是朴槿惠？她无依无靠，却能登上人生的巅峰。她以坚韧对抗苦难，以梦想挣脱绝望，以安静化解喧闹，以气度赢得人心，以勤奋推动进程……她唯一的依靠，是她的品格力量。她以困境磨炼品格，以品格升华自我，以自我创造希望。

朴槿惠在人生磨难和自我提升中形成的优良品格，充满了鼓舞世人的力量，激励我们每个人勇于面对挫折，坚定信念，开创属于自己的未来。

# 目　录

## 第一章 勤奋，从一无所有到无所不有



## 第二章 坚韧，在绝望中创造希望

## 第三章 气度，赢得人心的处世哲学



## 第四章 优雅，女人的必修课



## 第五章 心正，所有的人都会支持你

## 第六章 梦想，催动我们去奋斗



## 第七章 慎言，一句话有一句话的分量



## 第八章 信念，不到最后一刻永不放弃

## 第九章 自强，人生只有自己可以依靠



## 第十章 亲和，凝聚周围人的力量

第一章

# 勤奋，从一无所有到无所不有

“早起的鸟儿有虫吃”，

这是母亲对我的教诲。

因此我一直努力让自己不要成为懒惰的“第一夫人”。

我的做事原则是“要比别人更勤奋”。

只有这样才能在最短的时间内做更多的事情，

才能提高办事效率。

——朴槿惠

# 上帝不会跟努力的人开玩笑

1961年，年仅9岁的朴槿惠随着父亲朴正熙将军一同入住位于汉城市钟路区世宗路一号的总统官邸——青瓦台。如果说，这次的入住只是因为她是朴正熙将军的女儿，是命运的选择，那半个世纪后，当她以“总统”的身份再度踏进青瓦台，便不再是命运选择她，而是她选择了命运。

成为总统的女儿，或许需要一点运气，但是成为韩国乃至东亚第一位女性领导人，打破韩国政坛多项纪录，靠的就不仅仅是一点运气，更需要的则是自身的努力。

1970年，她以全校第一名的成绩毕业于圣心女中。

1974年，她又以全校第一名的成绩毕业于西江大学电子工程学专业。

她所取得的这些成绩，绝对不是那里的老师及校长看在她父亲是总统的面子上才给予的特殊照顾，这些全是靠她自己的努力所获得的。

在读书时我们可以轻而易举听得懂的课，有些人却总是要想半天才转过弯来，但若干年后你可能会惊讶地发现那个比你更笨一点的同学居然比你混得还好，是世事不公吗？不是，只要你细心观察会发现，他们都有一个显著特点，他们跟朴槿惠一样，都非常勤奋。

勤奋是走向成功的唯一途径。没有它，即使你拥有某种天赋，最后也会成为一个平庸的人。勤奋能让一个平凡的人拥有不平凡的人生，也就是说，如果你勤奋了，那么你就会变得比别人更优秀，你获得的东西，就会比别人更多，这是我们不得不承认的事实。

千万不要认为，我出身良好，不需要勤奋努力，别忘记了，要想真正赢得别人的尊重，不是靠你的身份，而是靠你的品德和能力，而勤奋就是高尚品德重要的一部分，没有勤奋，你也很难拥有比别人更强的能力。

从22岁起，朴槿惠就代替母亲担任第一夫人的要职，每一天她都会在凌晨5点起床，开始一天的工作，接待来访的民众，下乡与民众交流，举行公益活动，与父亲一同接见国外的贵宾，等等，经常要忙碌到晚上12点钟才能拖着疲惫的身躯回到床上。

她作为“第一夫人”的生活是如此紧张，如此忙碌，有些甚至超过了我们的想象。但正是由于她勤奋地工作，让她从父亲那里学到了很多治国经验，也培养了自己的政治眼光，拓宽了政治视野。

朴槿惠曾写道：“就像沙漠中的骆驼一般，我的青春岁月就这样默默的流逝了，但我从不留恋或后悔。在每一瞬间，我都做了最佳的选择，这些选择都是值得的。但是偶尔在路上看到一起牵手散步的老夫妻，那平凡的幸福，是多么的珍贵又美丽。也许是因为自己没有拥有过那种人生吧，所以更加感到难能可贵……就像人生的智慧并不是一天就能积累一般，幸福也不是马上找上门的。平时有准备并付出努力的人才能尝到幸福的滋味。”

其实，我们每个人身上都扛着一把采摘丰收的阶梯，那就是勤奋。懒惰的，要受穷；勤劳的，才能得以富足。要想拥有富足，就必须无畏的攀登，像登山运动员攀登珠穆朗玛峰一样，克服无数前进中的艰难与险阻。

世界上最美好的东西，都是由双手创造出来的。要想在人生旅途中收获成功，我们必须拥有一双勤劳的手，还记得著名影星史泰龙的成名作《洛奇》吗？

朴槿惠代行“第一夫人”职责。

洛奇·巴尔博居住在费城，长得非常高大，他的最初的梦想就是成为一个伟大的拳击手，他的体形也很适合做一名拳击手。但是，这个世界上优秀的拳击手太多，尽管他每天都努力地训练，可仍然是一个连三流都算不上的拳击手。

随着时间的推移，他的幻想慢慢地破灭了。但他为了保持体形，从未停止过训练。

为了生存，他常凭借着自己高大的身躯帮别人讨债获得一些收入。

在他最落魄的时候，幸运之神给予了他一次翻身的机会，全国拳击重量级冠军阿波罗·罗里德做巡回访问来到了费城，他的经纪人为了让他出尽风头，特意安排了一场比赛，对手就是没有任何名气的洛奇，他们看中的就是洛奇没有一点名气，而且长得很高大。因为在他们看来，拳王阿波罗打倒看似非常强大又没有任何名气的拳击手洛奇，是一个能让阿波罗迅速吸引人们注意力的方法。

当洛奇得知自己将要和拳王阿波罗比赛后，他开始了更为刻苦的训练，他知道，这是他实现自己梦想的最好办法，即使失败了也不会怎么样，毕竟人家是拳王。但是，如果自己能和拳王多打几回合，也许就能实现自己的梦想了。女友的哥哥给他推荐了一个训练方法，那就是对着冻肉挥拳。洛奇觉得这个训练方法很不错，于是每天都去对着冻肉挥拳。

比赛开始了，这本来是一场公认的一边倒的比赛，但实际上却出乎了所有人的意料，洛奇竟然打出跟阿波罗差不多的水平，比赛变成了势均力敌的较量。比赛极为残酷，洛奇百折不挠，他与阿波罗打满了15个回合，打断了拳王的一根肋骨，并取得了所有人都没有想到的胜利。

洛奇的成功有点虚幻，毕竟是电影里的人物，但是扮演洛奇的史泰龙的成功却是真实的，他跟朴槿惠一样，像沙漠中的骆驼竭尽全力努力生活着。虽然史泰龙所取得的成就跟朴槿惠无法相比，但是他和洛奇的成功，同样能够告诉我们一个道理：勤奋是能让我们获得丰硕的成果的，也许你现在一无所有，但只要你付出努力，那么你拥有的将会比你想象的更丰富。

马克思为了完成《资本论》，出入图书馆十几年如一日，以至于在他常坐的位子下留了深深的脚印；苏秦发奋读书以因疲劳入睡为耻，锥刺己股；唐代书法名家颜真卿也是经过不懈努力才自成颜体。上天不会和努力的人开玩笑，只要你勤奋了，获得的就能比别人更多。

## 可以平凡，绝不平庸

朴槿惠是不平凡的，但是她童年的生活跟别的孩子并没有什么区别。

朴槿惠上圣心女中的时候，有几个同学知道她是总统的女儿，就想去她家看看。结果那些同学来到青瓦台看过客厅和她的书房后，一脸失望地说："我还以为你家会布置得像皇宫一样，没想到，跟我家没什么两样嘛。"

每当午餐的时间，同学们都会以为她的便当菜色应该有所不同，常常会偷瞄她的便当，但其实她的便当跟同学们的没什么两样，都是掺杂着大麦的米饭、蛋卷、蜜黑豆和萝卜泡菜。

朴槿惠刚入圣心女中的时候，学校有宿舍，母亲认为她需要有住舍经验，因此她不得不离开了青瓦台，跟普通的孩子住在一起。在学校里，她跟同学们住了一年，如果不是后来，学校扩大规模决定废除宿舍，她依然要住校。即使住在青瓦台，她每天也是跟别人一样过着自己搭电车上学的生活。

有时候，不平凡的出身不会给你带来什么优势，相反，还会给你带来烦恼。比如，当朴槿惠取得优异的成绩时，别人往往会因为她的背景而忽略她付出的汗水，甚至不是认同而是嫉恨。但是身为总统的女儿，她觉得自己不能拥有一颗平庸的心，所以只能选择加倍努力，用更优异的成绩去回应别人的质疑。

朴槿惠是值得我们学习的，她告诉我们一个道理："一个人能不能有所成就，跟她的出身以及资质没有太大的关系，唯一有关系的是这个人是否拥有一颗不平凡的心，拒绝平庸。”

很多人也许会这样认为，当平凡的人并不是一件坏事，因为社会是由很多平凡的人组成的，更何况如果没有我们这些平凡人甘愿充当绿叶，那些人又怎么能发出光芒呢。

当然，平凡并不可耻，可耻的是你甘愿平庸。因为这个世界并非平庸者的舞台，世界的聚光灯总是打在优秀人物和胜利者的身上，只有平庸者才惺惺相惜，为自己的弱小寻找理由。

现在有很多人都是这个样子，整天抱怨这个社会太现实、某个人如何不好、自己为什么没有出生在一个更好的家庭……首先我们生在这样一个社会里就该去适应这个社会，而不是让社会来适应你，自己的命运只掌控在自己手里，抱怨自己时运不济那只是在为自己的失败或者错误寻找借口。

话说回来，其实最该抱怨的不是那些出身不好的人，反而应是那些出身很好，但是却没有享受到他们该有的特权的人。为什么这样说呢？因为你出生在贫困家庭里，即使你再怎么抱怨，也不会改变什么。但是含金钥匙出生的人却不同，如果他们抱怨的话，至少会得到各种优待。可以想象一下，如果当初朴槿惠向父母抱怨，自己既然是一位“公主”，为什么就不能享有公主所拥有的一切呢，那会是什么结果。

是的，为什么就不应该了，既然家里有这个条件，作为父母是有能力让自己的孩子生活好一点的。我们无法得知朴槿惠的父母是如何处理这件事的，但有一点可以肯定的是，如果朴槿惠真的这么抱怨的话，她就不会变得像现在这么优秀了。朴槿惠之所以没有这样做，就是因为她拥有一颗不平庸的心。

朴槿惠在1993年2月26日的日记里有这么一段话：“人生是一场话剧。在演员出场以前，剧本的内容、章节、演员的出场顺序、出场时间等，都是已经确定和规划好了的。演员只需消化并演绎好自己的角色，该出场时出场，该说台词时就说，演完后便退场。至于演技实力的好坏，则取决于自己的努力。但是，在人生这个舞台上，人没有更换配角或更改剧本的权力。因为一切已经注定。”

如她所说，不管我们出身如何，都要努力接受，因为从来到这个世界的那一刻起，就已经注定；而出身不好，也并不代表我们没有获得幸福的资格，因为这取决于一个人是否努力。

人生之路要用我们一生的智慧去诠释，即使你现在一无所有，也不应该认为这辈子就只能这样了，毕竟人生不是一次赌博，输了一次，就全输了。相反，人生反而像一场足球赛，上半场输了，你仍然有机会扳回局面，即使你连下半场也输了，你仍然可以在下一次比赛中取得胜利。

如果上天给予了你某种天赋的话，那么你就要更加珍惜上天对你的恩赐，不要安于现状，因为那等于承认了你自己是个平庸者，最后也就很难再有进步。记住，我们可以出身平凡，但是绝对不能平庸，也许你勤奋工作，到头来依然家徒四壁，一事无成，但是如果不努力工作，就肯定不会拥有别人都羡慕的生活。所以，我们应该保持一颗不平庸的心，努力为自己的目标打拼吧！马上做，即使是小事。

## 成就人的不是家庭，而是家庭教育

朴槿惠曾写道：“能够住在青瓦台是一件很特别的事，因为这不是人人都能有的经验。或许因为身为总统的女儿，多少可以享受某些待遇，但对于当时年纪还小的我来说，青瓦台的生活并不全然美好，在那里的生活反而充满许多禁忌事项。母亲从小就对我们耳提面命：‘不可以向别人炫耀你所拥有的东西。’”

9岁那年，朴槿惠和妹妹弟弟随父母一起搬进了韩国总统府邸青瓦台，成为了韩国的“第一家庭”。但是父母对孩子们的要求反而更严格，母亲一直对他们强调做人要谨慎、低调，有责任感，做人做事一定要有原则，这也成了朴槿惠日后为人处世的一种准则。

朴槿惠在某个访谈中，对方问她："家里需要男人时，该怎么办？"那一瞬间，她不自觉地反问道："什么事情需要男人？"因为她小时候，父亲朴正熙经常不在家，所以家里的维修工作都由母亲陆英修完成。

据朴槿惠回忆所讲，母亲不仅多才多艺，还会缝补衣服，会修理嘎嘎作响的衣柜门等等，这些都给她留下了深刻的印象，从小便让她懂得，女人不仅应该要学会优雅，还要学会自强自立。所以，现在的她和母亲一样，几乎所有家务事都是自己一手包办，像换电灯泡、用螺丝起子修理电器等，只要有工具箱，家里的每一个角落都能被她轻易地修好。

心理学家说，家长是孩子的第一任教师，父母是什么样子，往往孩子便是什么样子。是的，父母的言行举止往往会被孩子模仿，当孩子身上出现什么问题的时候，作为父母不应该先从孩子身上找问题，而是应该从自己身上找问题。

作为父母，你选择成为一个什么样的人，那你的孩子就很有可能会成为一个什么样的人。哈佛的一名教授曾经做了一个调查，他让一百名学生去世界各地拜访那些取得成功的人，然后问他们一些问题。最后他发现，当你问他们第一个问题的时候，比如你为什么能取得这些成就的时候，他们多半会这样说，这是自己努力付出的结果。如果你继续问，为什么你能一直打拼，一直坚持呢？为什么你在困难的时候，总有朋友帮助……他们就都会提起他们的父母。也就是说，一个受过良好家庭教育的年轻人，更能在人生道路上创造属于自己的价值。

现在的年轻人，很多出身于独生子女家庭，被父母过分溺爱，不注重家庭教育，导致意志力薄弱、贪慕虚荣、吃不了苦、责任感差。当他们工作后面对整个社会时，会无所适从，无法展现自己的价值，最终导致人生观出现偏差，产生了许多社会问题，这和家长们的教育有很大的关系。

有一次，亲戚给朴槿惠的弟弟朴志晚送了一个上了发条就能自动走路的小狗玩具，朴槿惠他们高兴地拿着玩了一整天。母亲陆英修女士忧心地看着他们。她身边的秘书说道："您没有必要为了小孩子拿一两个玩具而担心。"

但陆英修女士说道："拿贵重的玩具给孩子玩，不仅没有教育意义，反而还培养出孩子的坏习惯，更何况我们家已经拥有了一大块可以尽情玩耍的院子了。"

朴槿惠的妹妹朴槿令有一次想带一个新鞋袋到学校去，却被母亲阻止了。陆英修女士劝道：有些同学甚至连普通的鞋袋都买不起，现在用的这个已经挺好了，有必要拿其他同学没有的东西吗？

陆英修女士还对朴槿惠说："就算你的父亲是总统，我们也不会有任何改变。不能因为住在青瓦台，我们就有优越的意识，别忘记这里只是我们暂住的地方。"这句话一直深深的刻在朴槿惠的心中。

还有一件事情，让朴槿惠记得特别清楚，她在自传里有详细的记载：

有一天，出门上学时，外面突然下起了倾盆大雨。我撑着伞出了官邸的门，没想到刚出门雨伞就被风给刮翻了，只好无奈地告诉母亲雨伞坏了，于是母亲就拿了一把新的塑料伞给她。

这时，站在母亲身旁的事务官对母亲说："夫人，风雨这么大，塑料伞一下子又会被吹翻的，不如今天就让槿惠坐车上学吧。"但母亲却用"槿惠，你能自己去吗？"的眼神看着我。

我大声地说："我上学去了。"于是，抬头挺胸踏出了官邸的门。

虽然在上学的途中，我身子被雨淋湿了，但穿着雨靴的我却开心地用脚踏着被雨水冲洗过的柏油路，甚至忘记了路途有多远。快要接近学校的时候，我看着越来越多赶来上学的同学，大家撑着雨伞排成了长长的队伍。一进教室，我发现教室里热闹极了，因为每个人都在手忙脚乱地忙着挤干衣服上的雨水。我觉得如果母亲当时答应让我坐车去上学，或许会比其他同学更舒服，但是一定会让我失去了与同学们打成一片的乐趣了。

正是由于朴槿惠父母对她的教育，让她变得坚强独立、优雅懂事，学会与

朴槿惠的全家福。

周围人相处时保持一颗朴实的心，所以朴槿惠才能历经磨难，在父母双亡的情况下，坚强地活下去，并最终成为韩国乃至东亚地区首位女总统。

“父母为我们安排好了生活的一切，让我们只管学习，不用操心别的。”相信这是许多父母爱孩子的主要方式，也是中国孩子说的最多的一句话。在中国父母看来，只要孩子学习好，一切都好，要什么都可以满足，甚至有的父母是通过牺牲自己来满足孩子的需要。

父母的爱有那么一点伟大的味道，但这种爱往往会培养出被社会拒绝的孩子，因为他们的宠爱很难培养出品格优秀的孩子。即使你的孩子分数很高，但社会是不会雇佣只有漂亮分数的人，社会不仅仅看重一个人的学习成绩，更看重的是他的品格。品格是衡量一个人将来是否能取得成功的最重要的标准。

近年来，我们总是可以看到不少让我们愤怒和叹息的事情，有名的莫过“药家鑫杀害被撞妇女”事件、“李天一轮奸少女”事件、“我爸是李刚”事件，这些孩子出身良好，父母中不乏官员、名人，这些孩子本身也有一定的才华，比如药家鑫的钢琴水平一流、李天一也继承了父亲李双江的音乐才华，他们之所以并没有把自己的才华用在正道上，肯定跟他们所受的家庭教育有着直接联系。

一个有远见的家长，不应该只专注孩子的学习成绩，满足孩子的物质要求，而应该从小培养孩子的良好习惯，让孩子成为一个高素质高能力的人。除此之外，作为家长还应该从小树立孩子正确的价值观，有理想有抱负，对事情有自己独到的见解，让孩子从小理解责任和义务，对社会的责任，对家庭的责任。

## “要时刻保持饥饿”

很多人认为良好的人生态度，就是不断地为家人、为梦想、为自己而努力，即使自己对当下所做的事情没有任何一点兴趣，甚至心生厌恶。按照这样的想法，单纯的努力、压制自己的喜好和时间上的付出，都算得上是基本的美德。

但是从朴槿惠的人生经历中，我们发现这并不算得上美德，至少她的父母以及她都没这样做过。在朴槿惠的父亲看来，具备良好的工作态度，首先要勇于发掘自我，造就自我。当从事自己喜欢的工作时，即使异常艰辛、劳苦，你仍然可以在工作中享受乐趣，甚至是产生一种神圣感。

但是，如果我们没有天赋，也就是说，我们没有所谓的未学先懂、生来具有的天赋，那么我们该怎么办呢？没有天赋，自然也就不存在所谓的挖掘，因为没有，再怎么挖掘也挖掘不出。但我们可以打造出另一种能量，这种能量甚至还会比天赋所赋予的力量更强大。现在我们来看看，朴槿惠是怎么造就这种能量的。

上小学的时候，朴槿惠特别喜欢阅读小说，每次读到亚历山大·大仲马的《三剑客》时，就格外紧张和兴奋，读的次数更是数不胜数。朴槿惠在自己的传记中还这样回忆道："剑客们所展现的非凡帅气，尤其是里面的主角达达尼昂为了正义不惜性命的勇气，让我满怀兴奋，至今还让我记忆犹新。"

朴槿惠的父亲觉得女儿的阅读喜好有些特殊，有一天，他拿着一本《三国志》走到了她的面前，温柔地说道："这本书可能有点难，但我想槿惠你会非常喜欢的。"

朴槿惠得到《三国志》后，马上就喜欢上了，就连上课时也会想着赶快奔回家看这本书。那时，她非常沉迷《三国志》，有时在玩耍的时候，还会跟朋友调皮地用树枝当剑来耍。当父亲问她喜欢里面的哪个人物的时候，她毫不犹豫地回答道："赵云。"

也许有人会认为：朴槿惠登上政坛是她的父亲造就的。但是倘若我们认真地想一想，就会得出一个相反的结论，如果朴槿惠不对政治历史有极大的兴趣的话，她的父亲能造就她吗？她的父亲只不过给予她一些微不足道的条件罢了。而这些条件，相信任何一位父亲都能提供。

这个世界没有那么多的天才，真正的成功者几乎都是后天打造出来的。而后天如何打造呢？就是当他们被某种事物吸引的时候，会义无反顾地去追寻这种新的梦想，并为此奉献一生。即使全世界的人都反对，他们也要坚持自己的选择，坚持自己的内心。

闻名世界的顶级励志大师杰克·坎菲尔德说：“最重要的是，你要找时间去做你自己喜欢做的事情，照顾好自己，善待自己——不管你的生活已经多么的忙碌。”

由CCTV-1制作的《开讲啦》是中国首档青年电视公开课栏目。节目邀请“中国青年心中的榜样”作为演讲嘉宾，分享他们对于生活和生命的感悟，给予中国青年现实的讨论和心灵的滋养。有一期，他们邀请了青年偶像周杰伦。

周杰伦在节目里这样说道：“如果我不喜欢打篮球，可能就不会创造出《大灌篮》这部电影；如果我不喜欢弹钢琴，可能就不会有后来的《不能说的秘密》；如果我不是喜欢中国文化，就不会写出《霍元甲》《红尘客栈》等具有中国风的歌曲。”

自不待言，周杰伦的成功是无法跟朴槿惠相比的，但是同样能充分体现出兴趣的重要性。

一个人能否成功，取决于我们自己，取决于能够牵引我们内心的事物。朴槿惠的父亲深知这一点的重要性，所以他给了朴槿惠一些机会，让她爱上自己当下所做的事情，并且长期地保持下去，不断地激发自己的潜能。

在朴槿惠念高中的时候，有一天，父亲问她，上大学后，想念什么专业。她回答的是读电子工程。父亲寻问她原因，她说：“小小的一个半导体就价值几十美金，一个007的包的价值就是几万美金，我们韩国应该拼电子产业。”

“我想成为主力人才贡献国家。”她继续说道。

朴槿惠的话把她的母亲给吓到了，因为她母亲一直希望她能念历史系，因为这个时候，她已经对历史很熟悉了。在历史方面，她可以很轻松地获得优异的成绩。她母亲心疼地说道：“那书那么难，要怎么念……”

不过朴槿惠的父亲在听了朴槿惠的话后，却支持地说道："这个想法很不错，爸爸相信只要你努力，一定能达成你的梦想。"

朴槿惠的父亲是韩国总统，虽然当时韩国缺少高级电子人才，但是作为一个总统，其实完全没有必要让自己的子女也成为电子人才的。但她的父亲却支持她的想法，可以看得出，如果朴槿惠想念的专业不是电子工程，而是其他什么，相信只要是自己孩子选择的，他都会支持。

朴槿惠说：

从那天开始，父亲让我见识到了一个更大的世界。在一次澳洲和新西兰的公开访问行程中，父亲在没有事先告诉我的情况下，加入了我的名字。

在澳洲和新西兰她看到了童话故事里才会出现的住宅，每间房子都是白色的屋顶配上大大的窗户，宽敞的庭院里种满了各种花草树木，家家户户的树上都结满着诱人的果实，象征着这个国家的富裕。傍晚时分，在街上和海边散步的每个人都带着悠闲的笑容。

那次经历让我深深地体悟到，为什么我们的国家要迅速地完成经济成长。"不能一直当井底之蛙"的想法，瞬间根植于我的大脑里。我燃起了斗志，希望自己能让我们的国民也过上这样的生活，就这样我带着对国家未来的美好愿望回国了。

我们不可否认的是，朴槿惠的成功，跟她的父亲有着很大的关系，但是关键还是在于她愿意不愿意为之努力。所以，我们完全不要有这种想法：我们没有朴槿惠那样的父亲为自己创造机会，所以，我们就可以平凡地过一生。

因为我们反问下自己，朴槿惠的成功真的跟父亲有很大的关系吗？就会得出很多矛盾的地方。如果朴槿惠的成功是因为总统父亲对于她的照顾的话，那么朴正熙总统的帮助作用应该在朴槿惠很小的时候，就会显现出来。但是事实上，却没有一丝痕迹。相反的是，朴槿惠拥有一个像帝王的父亲，但是这个帝王般的父亲却没有给她公主般的生活，而且就连朴槿惠父亲的部下看到朴槿惠姐弟们没有玩具，没有新衣服，要独自上学等等，都有点心疼。

难道我们应该为朴槿惠的父亲因为给了她一本《三国志》，或者给予她出去旅游一次的机会就大大地抱怨上天的不公平吗？得到一本《三国志》或者出去旅游一次的机会，相信很多人都能轻易地获得，甚至很多人从父母那里得到的东西是朴槿惠的百倍甚至千倍。对于朴槿惠的成功，她的父亲仅仅只是起着一个引导作用，真正造就她的仍然是她自己，她的父亲只是让她对某种事物感兴趣的时候，保持住热情。

有人也许又会有疑问呢，她的父亲不是让她见识到了一个更大的世界了吗？确实如此，但是在这个世界里，遇到的各种困难都是她靠自己的力量去解决的。别人或许会给你一些帮助，但是再大的帮助，如果你不勤奋努力的话，自己不去解决问题，这一切都是没有用的，这个世界上只有自己可以成就自己。

作为父母都希望自己的孩子将来有出息，所以经常会问孩子一些问题，想知道他们到底有没有给自己做人生规划。但他们听了孩子的一些想法后，往往不是肯定，而是否定。他们会认为，你不够聪明，肯定不能取得成功。父母的想法是很好的，但这样一来，不仅会大大打击孩子的自信心，甚至连孩子本身具备的某些天赋也被磨灭了。

想一想，十几年前，出生背景都极为相似、资质也极为相似的两个人，为什么在十几年后，有的人能当大老板，而有的人却是衣食无着，四处寻找工作呢。主要原因虽然是在自己的身上，但跟父母的教育也不是没有一点关系的。

2005年，乔布斯在美国斯坦福大学的学生毕业典礼致辞中曾说过，自己一直有一种如饥似渴般的追求——“要一直保持前进，要时刻保持饥饿”。曾带领韩国足球队开启了全盛时代的教练胡斯·希丁克也说过同样类似的话：“我依然感到很饥饿。”他们所说的“饥饿”“渴望”“想要”等类似的话，其实，都是含蓄地告诉大家：我们跟别人一样都不是天才，我们之所以取得如此的成就，全部都是因为我们去做的是自己最感兴趣的事情。我们应该与命运做抗争，积极寻找最适合自己走的路，并勇敢地开创属于自己的未来。

## 最好的事情就是充分利用时间

“你想成为幸福的人吗？那么马上学会勤奋。你想拥有勤奋吗？那么，马上珍惜时间。”这是俄国著名作家屠格涅夫说的话。他还有一句关于时间的话：“没有一种不幸可与失掉时间相比了。”他认为人只要活着，就应该让每一秒都有价值。他的这种观点，朴槿惠很是赞同。

上学的时候，朴槿惠特别珍惜时间，当别人在外面玩耍的时候，她却是安安静静地坐在教室里努力地学习。从22岁起，朴槿惠就代替母亲担任第一夫人的要职，这让她更明白了时间的重要性。

时间是幸福的链条，会为你转出无限的幸福。对于珍惜时间，朴槿惠深有感悟，她说：“《冥想录》里有这么一段内容：‘不要担心自己何时会死去，若你在还没有顺应自然进而展开你的生活之前就开始害怕，那么你就不能成为这个宇宙中有价值的人。’这句话值得我们深思。”

朴槿惠认为，在你还没觉得活的有价值之前就不应该对死亡有任何惧怕，真正要害怕的是没有充实过好自己的一生。我们最应该惧怕的就是浪费时间，害怕自己的宝贵的时间就这样被浪费了。

朴槿惠不是天才，她没有什么天赋，她能取得今天的成功，跟她的出身是有一点关系，但却不是主要的；主要是她每天都尽自己最大的努力去充实和完善自我，这是她基本的生活姿态。如果说，朴槿惠仅仅只是靠她的出身才能取得这样的成就，那是不可能的。因为在韩国政坛中不乏名牌大学的高才生，也不乏财阀豪门之裔，更不乏能力超群之人。朴槿惠这么一个过气的“第一夫人”能仅仅依靠出身就打败这些能力超群的人吗？答案是否定的。她之所以能在这个人才济济的舞台上，取得其他人无法匹敌的成就，依靠的是她从不浪费时间，把点点滴滴的时间都用在了自己人格的修养和成长上。

人生其实很短暂，古人常用“白驹过隙”来形容时间过得飞快，感叹生命的流逝。许多人都在思考一个问题，人的一生到底有多长？我们不妨看一下美国《读者文摘》给出的答案。

如果人一生按从懂事到暮年的黄金60年来算，共计21915天。其中睡眠占用20年，吃饭占用6年，娱乐玩耍占用8年，穿衣梳洗打扮占用8年，行路、旅游、堵车占用5年，生病3年，打电话1年，上卫生间1年，闲谈70天，擦鼻涕10天，剪手指甲脚趾甲10天……

最后的结果是，我们真正用来忙于事业的时间其实只有短短的10年！

对于珍惜时间，朴槿惠曾说过这么一句话：“人生真的很美好！刚刚过去的一分钟马上就属于了过去，而即刻来临的一分钟也将成为现在。面对抓也抓不住、藏也藏不住的时间，我认为我们能做的最好事情就是充分利用时间。虽然抓不住流逝的时间，但在这世界里正确地生活就是我们最美好的人生！”

有的人总认为上天不公，“自己没有别人聪明，家庭条件也没别人好，又怎能与他人相比，所以，再怎么努力也是没有用的”，请你赶紧抛弃这样的想法，因为至少有一个上天对你是公平的，那就是时间。

我们可能无法实现自己的梦想，但却可以每一天都为梦想努力，坚持不懈，你的梦想才有实现的可能。如今成为亚洲一线明星的韩庚刚到韩国接受培训的时候，一切都是从零开始的，不会讲韩语，没有当地朋友，舞蹈训练要从最基本的开始。他什么也没有，只有一颗珍惜时间的心。

每一天韩庚都会给自己列下计划，一定要记住多少韩语单词，练习多长时间的舞蹈动作，即使晚上睡觉，同伴都能听到韩庚嘴里念着韩语单词。

为了完成自己的梦想，韩庚曾连续练舞20个小时，骨折后仍然坚持训练。正是因为他珍惜时间，每一天让自己更接近自己的梦想一步，终于，中国小伙子韩庚在激烈的竞争中脱颖而出，红遍韩国，红遍亚洲，完成了自己的音乐梦想，成为年轻人的偶像。

我们每天所做的点点滴滴，可能当时看起来微不足道，但是最后聚集起来就会决定人生的成败。其实，只要观察那些取得成功的人，很容易就能发现，他们大部分都是非常重视日常管理的人。他们不会浪费一点一滴的时间，坚信只有成功地过好今天，那么积累起来才能铸造成功的人生。

现在不少人都遇到所谓的“中年危机”，其原因就是取得了一些小成就后，便不再愿意投入时间和精力在学习上，随意浪费时间。有人觉得浪费一点时间没有关系，但是如果你今天给自己找到了一堆玩乐的借口，那第二天你会继续给自己找各种各样的借口，等你老的时候，只会抱怨上天没有给你机会，其实，机会就在你给自己找各种各样的借口时溜走了。

短暂的生命，我们没有时间去浪费，那就用积极的态度过好每一天吧！即使是很小的一点点努力，只要坚持不懈地做下去也能成就大事。很细小的水滴滴在坚硬的岩石上，看似微不足道，但是长年累月就会产生击穿岩石的强大力量。这告诉了我们，很细小的事情聚集在一起往往会产生超乎我们想象的力量。朴槿惠在自传里说过与此类似的话：“就像人生的智慧并不是一天就能累积一样，幸福也不会自己找上门，平常有准备有努力的人才能尝到幸福的果实。”

所以，不要对生活有任何抱怨，因为哀愁、叹息没有任何益处，关键是要善于把握时间，努力去挖掘自己身上的潜力。生命是有限的，也是短暂的，唯有珍惜时间，才能够在短短的人生历程中，创造出属于自己的幸福，实现自己的价值。

第二章

# 坚韧，在绝望中创造希望

所谓人生的胜利就是战胜自己，
一切莫过于此。
对战胜了自己的人来说，
其他的人都不是竞争对手。
——朴槿惠

## 过去的已经过去，要接受生活的真相

1974年8月的一天是朴槿惠人生的转折点。那一天，朴槿惠和朋友们正在旅行的途中，突然接到借宿阿姨家的电话，说她家里有急事，让她赶紧回来。隐隐约约中，朴槿惠心中感到灾难正向自己袭来。

到达飞机场后，不幸的事情终于被验证了。机场报纸区一张报纸的头条写着大大的两个字“暗杀”，下面是朴槿惠母亲的照片。当时，她根本无法相信这是事实！看到报纸上刊登的有关她父母的照片与报道，她还是无法相信这事情跟她的母亲有什么关系。瞬时间，朴槿惠感到天旋地转，心如刀绞般疼痛，在机场里失声痛哭。

从巴黎起飞到汉城着陆，她的眼泪就像瀑布一样从来没有停止过。朴槿惠回忆道：“说实话，我真不知道，那么长的时间我是怎么度过的。”

母亲去世后的那段时间，朴槿惠一直活在痛苦中，却要故作坚强。因为她没有时间难过，妹妹和弟弟需要自己照顾，她要打起精神来，帮助父亲走出悲痛。

生命的旅途中，会发生很多让自己失望、无法控制的事情，往往会令我们措手不及。尤其是对刚踏入社会的年轻人来讲，生活并没有我们想象的那样美好，它的残忍需要我们拥有一颗坚强的心。

面对人生中的狂风暴雨，很多人会束手无策，但也有不少人想凭借自己的力量一定要做点什么。这固然是值得肯定的，他们的勇气也是值得可敬的，但是问题是有些事情是无法靠人力来扭转，在命运面前逞能只会变得傲慢或放肆，结果只能让自己摔一个更大的跟头。

对待人生中的困难，不畏惧，不退缩，这值得鼓励，但是对于世间那些我们无法抗拒或战胜的事情，我们唯有接受。很多人就是因为不愿意接受，所以不断地给自己找理由拒绝、逃避，或者只是让自己束手无策地卷入其中而变得更悲惨。要想让生活有所改变，走出泥淖往好的方向发展，首先得心平气和地接受现实。

换个角度来说，能接受事实的真相也是一种智慧。

朴槿惠坦然接受真相，然而厄运并没有放过这个失去母亲的年轻人。母亲遇害5年后，悲剧再次无声无息地找上了门。1979年10月26日下午，她的父亲朴正熙总统到情报局局长金载圭官邸吃晚饭，席间朴正熙指责对方工作不力，金载圭大怒，拔枪射杀了他。

一夜之间，朴槿惠再次失去了父亲，从万千宠爱的“第一女儿”变成“第一夫人”，接着变成无父无母的孤儿。年轻的朴槿惠也许不敢相信眼前发生的一切，但她最终还是默默的接受了这个事实。在得知父亲遇害后，她所说的第一句话是：前方没有任何异常吗？

朴槿惠要接受的不仅仅是一个人去世的现实，而是双亲都饮弹而亡的现实。这个事实非常残酷，但她又不得不接受。那一刻，她似乎流干了别人一辈子要流的眼泪。

美国哲学家詹姆士说：“接受事实是克服任何不幸的第一步。”许多不幸的经历，我们是无法逃避的，也是无所选择的。我们只能接受已经存在的事实，我们要做的，是进行自我调整，接受这个事实。抗拒现实，不但可能毁了自己的生活，而且会使自己精神崩溃。因此，人在无法改变不公和不幸的厄运时，要学会接受它、适应它。

接受现实，则是改造现实的前提。荷兰阿姆斯特丹有一座15世纪的教堂遗迹，里面有这样一句让人过目不忘的题词："事已如此，别无选择。"

在朴槿惠走出痛苦后，她认真地思考了什么样的人更容易接受现实，最终得到了一个答案，那就是低调者最容易接受现实。因为现实在他们的眼中，本来就是充满艰辛和困难的，他们不会对现实抱有过分的要求，也不会抱怨命运的不公平，所以，他们不愿意把自己的精力耗费在抱怨那无法改变的现实上。

这一点，在朴槿惠身上体现得更为明显。父亲遇害后，她并没有像别人那样，每天把自己锁在屋子里，不愿意和任何人见面。相反，她在父亲的葬礼结束后，便带着弟弟和妹妹收拾行李离开了青瓦台，搬到了位于新堂洞的家。她要重新开始生活，因为她知道即使自己如何抱怨这个世界，也无法挽回失去的一切。

朴槿惠在1991年7月31日的日记里写道：

我想，人生这条河总是要跨过去的。那么，站在河边的人究竟是什么呢？虽然这条河是你自己的人生，但这一生中又有多少事情能如你所愿呢？

在人生面前，人其实就是软弱无力和束手无策的存在。但是，以何种态度来看待这种人生或如何接受这种人生，这才是最重要的，也只有具备了正确的姿态，我们才能获得巨大的力量，在面临困境的时候，才不会软弱无力或束手无策。

在重返政坛之前，朴槿惠每天都过着学习的日子，每天她都会固定看报纸和电视新闻，从未间断过对这个国家的关心和担忧。

当关于朴正熙的诽谤流言传得沸沸扬扬的时候，有人问她是否要离开韩国的时候，她却果断地拒绝了。她说："这里是我出生长大的国家，是我的土地。不管去哪里，都比不上住在自己的国家理直气壮又幸福啊。就算再痛苦再疲惫，我都会在我的国家完成我的人生并埋在这片土地里。"

接受现实，并不等于束手接受所有的不幸，让不幸去左右我们的生活。如果仍然有挽救的机会，我们就应该奋斗！但是，当我们发现情势已不能挽回时，最好不要再思前想后，要主动接受不可避免的事实，唯有如此，才能在人生的道路上掌握好平衡。生活中只有一种英雄主义，那就是在认清生活的真相之后，依然热爱生活。

## 不经历痛，人无法快速长大

人生苦海重重，在朴槿惠的身上似乎得到了最好的印证。

作为一个女人，先后失去自己的母亲和父亲，从高高在上的“总统女儿”变成无人理会的孤儿，带着自己的妹妹和弟弟被赶出青瓦台。这虽然看起来很像出自某本小说或者某部电视剧里的故事情节，但却是活生生的现实。

曾经是总统的可爱的长女，也曾经是“第一夫人”，后来却成为了失去双亲并无依无靠的少女家长。那时，她肯定痛苦极了。可以想象，那时的朴槿惠经历了多么痛苦而又艰难的岁月。

“谁都不会知道，那时的我是怎样煎熬过来的。”从朴槿惠这句话里，就可以感觉到她当时有多么辛酸、痛苦和绝望。但是可喜的是，她很快就从这种痛苦和绝望中走了出来。

朴槿惠曾在1981年的日记中这样写道：“痛苦是人类的特性，它能证明你还活着。”此时的朴槿惠或许已经并不再惧怕痛苦，但我们又无法否认，朴槿惠的确承受了比别人多了几倍甚至几十倍的痛苦。说她有今日的成就，是用她的痛苦和努力换来的也不为过。她在自传里详细地记述了生命中最绝望的一刻：

我不记得那晚是如何熬过去的，只感觉时间似乎停了一样，走得很慢很慢。恐怖的宁静将人包围，最初只是感觉一阵阵寒意袭来，接着我浑身上下开始不由自主的打颤。听说一个人在受到巨大打击时，往往是听不到任何声音的。那晚我终于真实地体会到了。慢慢的，我全身的感觉逐渐消失，仿佛置身于眩晕昏厥的梦境中。

凌晨天一亮的时候，父亲的遗体被移回了青瓦台，就安置在五年前放置母亲遗体的屏风后面。我依然记得，父亲的表情非常的安详，非常的平静，仿佛是睡在一个非常舒服的梦中一样。我紧紧抓住父亲那已经没有体温的手，生怕会再次失去他。这是此生父女之间最后的一次告别，父亲还有太多的话没有对我讲，同样，我也有很多话还没来得及对父亲说。那时，我是多么希望自己能像个孩子一样尽情的哭闹，让他不要丢下我们离开。

当我恢复意识时，看到了嚎啕大哭的弟弟。他怕哭声太大而用手一直捂着嘴巴。看着弟弟的样子，我的心如撕裂般疼痛。旁边槿令的泪水也是在不停地直流。她的外表看似坚强又活泼，其实是个心思非常细腻的女孩子。我再也忍不住了，上前紧紧地抱住他们两个，就像母亲过世时父亲紧紧搂住我们三个孩子一样，我用力地抱住我的家人。

洗着沾有父亲鲜血的领带和衬衫，我再也无法忍住内心的悲痛，泪水夺眶而出。秘书室长把父亲的衣服交给我时，上面还沾着鲜红的血迹。因为要急救开刀，所以衣服上还有被撕开的裂痕。捧着父亲的衣服，我的眼泪一时无法控制，脑海中不由得想起了几年前几乎一模一样的情景。那时的我也是在洗沾有母亲鲜血的韩服。命运真是很会捉弄人。想到这些，我无力地瘫倒在地上。

朴槿惠在二十几岁时就经历了这些命运的考验，相信不会有人因为她是总统的女儿而羡慕她的出身吧。可敬的是，她凭借自己的强大的力量战胜了它，最终成长为一位坚强伟大的女性。我们无法推测出她自幼是否就如此坚强，但不可否认的是，正是这些比死亡还痛苦的事情让她迅速地强大了起来，让她拥有了一颗强大淡定的心。

朴槿惠说："母亲去世后，大家都希望我能迅速地走出伤痛。而那些鼓励我的人，对我说'像她妈妈'这样的安慰和称赞是我最需要的。"

朴槿惠和父亲在一起。

从那时起，朴槿惠的人生就发生了很大的变化。她对任何事情都能泰然处之，因为她有自信，她的这种自信也许来自于失去母亲的伤痛，也许来自于自己肩负的责任。但不管来自哪里，她让我们看到的是，陆英修女士去世后，她已经不再是不谙世事的少女。

记得有人说过这么一句话："你可以不成功，但你不能不成熟。"那么怎么才能迅速地走向成熟呢？斯科特·派克有一句描述痛苦和成长的话："一个成熟的人一定经历过许许多多痛苦，没承受过太多痛苦的人一定不会成熟。承受痛苦是走向成熟的必由之路，任何人都不能回避。"

人生就是一种修行，要想成长就必须多经历一些伤痛。当然，这里并不是让大家去找罪受，去做自虐狂，而是想告诉大家，当伤痛来临了，我们绝不能逃避，要主动接受它。没有人喜欢受伤，但是没有伤痛，我们的心智就很难真正地成熟，最终就会一事无成，这正是害怕伤痛、逃避痛苦的人的悲剧。

曾经看过这么一个故事，有一个农夫在自己的院子里种了两棵苹果树。第一年，两棵苹果树都结了10个苹果，农夫从每一棵树上分别拿走了9个苹果。第二年，两棵苹果树都结了100个苹果，农夫从两棵树上分别拿走了90个苹果。第一棵树抱怨着说，结多结少，主人都拿走了百分之九十；第二棵树却笑着说，我比去年多收获到了9个苹果。第三年，第一棵苹果树选择只结了100个苹果，第二棵树选择结了1000个苹果。农夫从第一棵苹果树上拿走了90个苹果，从第二棵苹果树上拿走了900个苹果。这时，第一棵苹果树就对着第二棵苹果树说："看你那么努力结果，也没有收获到什么啊！"可是不久，农夫就把第一棵苹果树砍掉了，准备种其他果树。

这个故事告诉我们：最重要的不是收获到了多少，而是得到成长。要说不幸，相信绝大多数人都比朴槿惠幸运多了，至少很多东西，我们可以自己选择，而朴槿惠在二十几岁就失去了双亲，成为了少女家长，一生没有谈过一次恋爱。失去双亲后，她是绝望的，但我们不能否认，正是这种绝望的生活锻炼了她，让她变得更加强大和富有智慧。她在绝望中变成了巨人。

上天是公平的，给谁的都不会太多也不会太少，那些取得了人生成就的人，并没有得到上天更多的馈赠，他们只是在遇到了痛苦后，选择了接受。

当伤痛来了，我们也只有接受伤痛，承受伤痛，才能让自己内心变得更加强大，未来才能取得更大更多的幸福。也许你曾经幸福过，也许曾经受到过不少伤害。但请告诉自己，这些都是在帮助自己成长。当那些痛苦成为了往事云烟后，我们会发现，曾经的那些痛苦，反而都化成了祝福。

## 珍惜现在所拥有的

在被人们渐渐遗忘的同时，朴槿惠得到了安稳与平和，用朴槿惠自己的话来说，这种感觉就像原本穿着高跟鞋走在山路上，突然换了一双运动鞋一样。在去参观朝鲜王朝的端宗墓时，温暖的阳光从散发着绿色光芒的松树林散落出来，她感受到了平静中的幸福。

在朴槿惠40岁的时候，她的内心充满了安静，她认为这是年纪送给她最好的礼物。朴槿惠在自传中这样写道："岁月在我的眼角留下细纹的同时，也透露出我的年龄，偶然从脸上看到母亲的影子，反而有种安心的感觉。"

朴槿惠对当时的生活很满足，每天她早早的起床后会到家附近的小杂货店买食材，然后自己做饭，练习瑜伽，看书，去和邻居朋友们交谈，或者去很远的地方旅行，抒写自己的感想。她不会再去想那些让她痛苦的事情，痛苦虽然能让她变得强大，但同时也会让她失去的更多。她认为，现在最应该做的就是珍惜现在所拥有的，因为只有这样，幸福才会出现在自己的身边。

人这一生，本身是伴随着欲望而生的，因为有欲望，所以我们不断地在人生中追求我们想要的东西，甚至有时候，我们无法停下来。等到生命的最后，我们才发现人生最珍贵的不是得不到或已失去的，而是现在所拥有的。

不要让我们现在所拥有的成为我们将来所羡慕的。人们拥有某种东西的时候，总是不在意，在他们看来，就算失去也没有什么大不了的，但是当他们真正失去的时候，往往又后悔不已。人生最大的悲哀也许就是该珍惜的时候没有珍惜。这一点，励志学大师卡耐基很是赞同，他曾说过：“我所了解的人性最可悲的地方是，我们全部都有把生活移后的倾向。我们全部梦想着远方或过去的玫瑰园——却从不知享受今天盛开在窗外的玫瑰。结果呢，我们很可能没有实现我们的梦想，甚至还连我们所拥有的东西全部失去了。”

朴槿惠说：“如同春夏秋冬四季顺应自然的变化一样，我们也要顺应徐徐展开的人生之路而生活。今天，不，此时此刻，对我来讲都是无比珍贵的。就像鸟儿一样，太阳升起时出去觅食、筑巢安家并哺育幼鸟，太阳落山时回巢休息。就这样，我度过了一天又一天。每一天，每一瞬间解决的事情，都包含着生活的意义和它们值得我们竭尽全力的去努力的地方。我们从哪里能找到这种快乐呢？”

从朴槿惠的日记中我们能发现，她能时时刻刻发现生活的乐趣，并为此而乐之不疲。

我们为什么要出生呢？如果不出生该有多好呢？因为不出生，我们就不会有痛苦。

但最近，我第一次感到活着是如此幸福和感恩的事情。虽然眼前没有特别值得高兴的事情，而且客观上来讲，我的生活其实也是很不幸的，但我却感觉心态是如此的平和，每天是如此的珍贵。

在我人生中还会有这样好的机会吗？我一直认为这是上苍赐给我的礼物而满怀感恩。每一天对我来讲都特别珍贵，生怕它们会失去，所以每一瞬间我都要快乐地活着。

字里行间，无不透露出朴槿惠珍视当下，常怀感恩之心，以及她对生活的热爱。

珍惜所拥有的，我们的生命、家庭、亲人、朋友、宏图大志、爱恨情仇，这都是我们所独有的，无人可以剥夺，没有谁能拥有。我们是那样的富有，没有谁和我们有一样的容貌，一样的思想，而我们也拥有着岁月年华，春夏秋冬，花草树木，每一缕空气。我们可以享受我们所拥有的，可以像别人一样开心地生活。所以，我们没有必要太羡慕别人。

还记得电影《非诚勿扰2》里面的秦奋和梁笑笑吗？虽然秦奋很爱笑笑，但笑笑认为自己对秦奋的感情不是爱情，于是，一对可人儿决然分手。分手后，秦奋回到北京，做了电视台的节目主持人，笑笑回到乘务队继续自己的空姐生涯。秦奋的好朋友李香山不幸患了癌症，秦奋和他的好友在他的生前为他举办了“人生告别会”。这一契机让梁笑笑明白许多，又握起了秦奋的手。两人再次和好如初。

故事非常简洁，虽然看似诙谐，但却告诉了我们一个人生哲理：人生苦短，我们应该珍惜生命中的一切。很多人的人生之路之所以走得坎坎坷坷，其实就是因为他们不懂得珍惜。比如拥有一份好工作的时候不好好珍惜，结果失去之后，生活变得越来越糟糕；比如拥有一个爱自己的人的时候，由于不好好珍惜，痛失所爱，自己变得孤孤单单。

不要埋怨生活太残酷，因为即使环境再差，工作再不如意，也依然有人能活得快乐，他们做得到，为什么你就不能呢？

生活是道不定式方程，未来的不可测风险太多，危机潜伏在你周围，随时会跳出来挡道，如果你连现在所拥有的，都不懂得去珍惜的话，又能把握住以后的什么呢？当一个人懂得珍惜，他就会得到丰厚的回报。珍惜了生命和身体会得到健康长寿；珍惜了时间就是储存了能量，会取得更多收获；珍惜了年华就会得到才华；珍惜了大自然会得到美丽；珍惜了工作会得到业绩和效益；珍惜了感情、缘分会得到真情、真爱。

珍惜也是一种幸福。因此，我们一定要学会珍惜现在所拥有的，不要等到当你感觉到某种东西渐渐远离你的时候，你再竭力地去挽留，去弥补。珍惜你所拥有的，活在当下。

## 十字架重负下的人生

朴槿惠的父亲朴正熙遇难后，她就带着妹妹和弟弟搬回了以前住的老房子。丧父之痛还未得到缓解，在当时的韩国民主化运动中，又出现了清算朴正熙的风潮，朴槿惠姐弟三人连在父母的祭日里都不能随便露面。

当时，几乎所有的人都认为朴槿惠这一辈子都会活在阴影之下，逐渐被国人所遗忘。很不幸的是，她的弟弟朴志晚正是因为接受不了父母故去的打击，从一个开朗活泼的少年变成一个自暴自弃的彷徨少年，曾因涉嫌吸食冰毒而被起诉。

但是朴槿惠却没有自暴自弃，离开青瓦台的她，除了拉扯弟弟和妹妹、给他们以“母爱”之外，将主要情感寄于文学、钢琴和运动。夜深人静时，她枯坐窗前，用笔记录自己对人生的感悟；四周静寂时，她轻抚琴键，让悠扬的琴声抚慰自己受创的心灵……

投身公益事业的她，又挤出时间写出《苦难为友，真实为灯》《若生于平凡人家》《我的母亲陆英修》等一本又一本的书，打动了很多读者的心，使很多韩国读者记住了她，读懂了她；出国访问时，她即兴弹起钢琴，边弹边唱《阿里郎》，更是让韩国民众看到了她的优雅。

生命的开始都是随机的，不论公平与否，一直都在简简单单地发生着。没有人可以选择自己的父母。我们人生的起点可能在城市里的一栋大别墅里，也可能是在乡下一间土屋的草席上。父母可能是一秒钟就能赚上百万的某大公司的老板，也可能是一年收入才几千块的农夫，甚至还可能是瘾君子或者罪犯。

事实上，可能性无穷无尽。这些随机事件会对新生命产生深刻而复杂的影

朴槿惠经历并战胜了痛苦和绝望，变得更加坚强和成熟。

响，但是有一个显而易见的却容易被人忽视的事实——环境并不是你获得成功的必要条件。我们若能接受这一事实，就能懂得谦逊，就不会跟环境过不去，也才能务实地展开属于我们自己的最独特的一生。

有人这么描述朴槿惠：

“朴槿惠的人生经历很有值得我们学习的地方，它告诉了我们环境对于一个人的成功只是事实性因素，而不能成为决定性因素。她没有利用父亲朴正熙前总统或者母亲陆英修女士的光环来作为自己从政的资本，相反，她通过战胜和克服家庭的悲剧和各种逆境来培养了自己的政治资本，通过自己的亲身经历向我们展示了逆境和挫折在培养领导力方面究竟能发挥何等重要的作用。”

人的一生看起来变幻莫测，但又不是没有一点规律可循。而要想自己的人生变得更加美好就只有一个办法，别跟自己过不去，别跟环境过不去，别跟生活过不去。

巴甫洛夫是俄国生理学家、心理学家、医师，是高级神经活动学说的创始人，因为对心理学的研究还曾获得过诺贝尔奖。他所研究的一切几乎都跟传统的东西有着截然不同的观点，因此遭受到了很多人的攻击，有人甚至提出决斗，但他置之不理，反而更加竭尽全力地去研究自己的东西。就这样，他的成就越来越大。他的这种不跟自己过不去的态度是值得人们学习的。

上帝造人的时候，每个人都背着一个大大的十字架。有的人嫌重，一边走一边砍，于是背负轻了也就越走越快。终有一天，这批人碰到了一条河，怎么也走不过去，只好干着急。而负重的人慢慢赶上，将十字架卸下当起了桥，顺利的过河并背起笨重的十字架继续前行，越走越远，便渐渐与减重的人拉开了距离……

这个十字架也许是我们的学习，也许是我们的工作，也许是我们的情感，也许是我们的责任和义务，也许是我们遭受的苦难。正是这些责任和义务以及苦难证明了我们活在这个世界上的价值和意义。所以，请不要埋怨学业的繁重，工作的劳苦，责任的重大以及人生的不如意。当我们不跟生活过不去的时候，会发现没有经历深刻的痛苦，也就体会不到酣畅淋漓的快乐！而我们也会因此变得比以前更加强大。

## 用经历打磨人生的光彩

经历对一个人来讲非常重要，通常来说，我们都非常喜欢一个“有故事的人”，并对他产生爱慕或者敬意。朴槿惠是一个很有故事的人。人们对她的关注远远超过了德国总理默克尔。她之所以能吸引全世界的眼光，不仅仅因为她是韩国首位女性总统，更是因为她背后的故事。

亚圣孟子曾言：“天将降大任于斯人也，必先苦其心志，劳其筋骨，饿其体肤，空乏其身，行拂乱其所为。”上天在将你推向一个巨大的舞台时，首先会让你经历许多磨难或者挫折，当你通过这些考验后，收获的则是改写历史的机会。

人的成长在于经历，个人的经历有多有少，有浓有淡，有顺有逆，有成有败，喜怒哀乐愁尽在其中。任何经历，无论是成功或者失败，总会在你人生的轨迹上留下些许痕迹，让你在蓦然回首时从中受益。

朴槿惠过去的经历给她带来了至高无上的财富，她承受并享受这长时间的痛苦或许就是为了今天的成功。无论何时何地，无论遇到任何事情，她带给人的印象都是泰然自若。因为她的内心世界已经经历了我们常人无法想象的磨砺，并且这些经历已经深刻影响了她。

经历会在一个人身上慢慢地沉淀，成为人一生最宝贵的财富。这种财富随着时间的流逝，不仅不会消失，反而会变得更有价值。

在朴槿惠看来，曾经的那些痛苦已经化成了祝福，成为了送给她的最好的礼物。其实，一个敢于面对人生的人，是不会在意自己究竟经历了多少坎坷磨难的，他们会用积极的行动向世界证明，他们只是暂时的落魄。更何况，没有经历又怎么会有经验呢？

受过伤，才会有今日的坚强。如果朴槿惠不是经历那么多的痛苦，韩国国民们又怎么能感觉到她的强大呢？又怎么放心把国家交给她这样一位女人呢？没有痛苦，就无法成长；没有经历，就没有经验。这是我们谁也无法否认的事实。所以，如果你此时正面临失败，不要泄气，相反你应该值得庆幸，因为你成功地获得了一些经验。

一位哲人在给年轻人的忠告中是这么说的，他说："青年人正'生在此山中'，一般不识'庐山真面目'，人一旦到了中年以后，自然会发现：经历不但和自己一生所创造的物质财富紧密相关，还是一笔弥足珍贵的精神财富。"所以，趁着年轻，多出去走走看看，读万卷书，不如走万里路；行万里路，不如阅人无数。

经历即财富，巴菲特也说过类似的话。他认为，一个人经历的越多，见识就越广，往往只要给他们一个机会，他们就会绽放绚丽的人生。《贫民窟的百万富翁》这个根据真实故事改编的电影，足以说明经历的重要性。

这部电影的主线讲的是一个名叫贾马尔的茶水工，参与一个答题节目。因为他未经过任何教育，成长于贫民窟中，却答对了一系列有很大难度的问题，这难免让人心生疑虑。在接受警察审讯的过程中，贾马尔回答说，他之所以知道答案，是因为他答对的每道题目，其答案都与他的生活经历有关，换句话说，他的传奇经历就帮他答对了题目，获得了奖金——也就是他的经历即是财富！

例如，当主持人问他一部多年前的印度电影《囚禁》的主角是谁时，电影回放了他儿时的经历。在他小时候，这部电影正风靡印度，所有的印度人都记住了那部影片的男主角阿米达·巴彻，而作为这位影星的忠实崇拜者，贾马尔曾经不顾粪坑的污秽，从厕所里逃出来讨要他的签名。

而问起罗摩神右手所拿的东西，他又想起了儿时发生宗教冲突时，妈妈被打死的情景。他是在逃亡的过程中，看到了右手握着弓和箭的罗摩神雕像，所以刻骨铭心。

也许有些人看了会觉得有些不可思议，但是，有时候人生何尝不是这样呢。其实大多数的成功者，他们身上总有这样或那样的经历，而这些经历中痛苦占了绝大部分。不信，你可以问一个身边的成功者，相信他的回答会让你大吃一惊。因为你从来没有想过，站在你面前这个穿着体面，开着豪车，住着别墅的人曾经睡过马路或者车站，而他们之所以这样做，仅仅只是为了省几十块住宿的钱，也许当时他们连几十块的住宿费也交不起。

因为经历，我们才懂得一些道理；因为痛苦，我们才明白自己犯过什么错，从而不是让自己一直停留在某一个地方。所以，不要害怕经历，经历会让你学会许多生活的经验，学会如何承受压力，怎样勇敢地面对困境，走出自我的浅薄，走出忧愁的叹息，走出厄运的阴影，去迎接风雨。

任何经历都是一种积累，积累的越多，人越成熟。经历的多，生命有长度；经历的广，生命有厚度；经历过险恶的挑战，生命有高度；经历过困苦的磨炼，生命有强度；经历过挫折的考验，生命有亮度。有丰富的经历，才有丰满的人生。

# 第二章

# 气度，赢得人心的处世哲学

要走得快，
就一个人走；
要走得远，
就要一起走。
——朴槿惠

## 宽容他人，就是成就自己

有一件事情曾让朴槿惠刻骨铭心。在父亲亡故后，她和弟弟妹妹离开了青瓦台，回到老屋中居住。随后的韩国总统全斗焕掀起了一场批判朴正熙的运动，那些曾经被他父亲重用的下属纷纷参与其中。当时，就连她父亲最亲近的人也对她们非常冷漠，这对她来说是一个非常大的打击。

有一次，她在电梯里看到父亲以前极为信任的一名部下，于是便走过去礼貌地对他说："您好！"可那名部下却扭过脸装作不认识她。当着那么多人的面，朴槿惠的自尊心受到极大的侮辱。

朴槿惠回忆自己做"第一夫人"时，有一次看到新闻上说，因为朴槿惠的父亲朴正熙是一个独裁者，所以其他国家禁止父亲拜访，导致朴正熙无法到国外参访。

朴槿惠看完后莫名奇妙，因为在她看来，自己的父亲不仅参访过美国、澳洲、德国等，而且和这些国家保持着很不错的关系。

曾经那些信誓旦旦要竭尽全力来效忠的人们，在某一天的一瞬间，纷纷选择了背叛，甚至是侮辱、诽谤或者伤害。相信对于刚失去双亲、孤苦伶仃的27岁的少女家长来说，没有比这更能让人痛苦和绝望的事情了。这不仅是肉体上的伤害，还是精神上的伤害。

朴槿惠自传中写道：“相信这个世界上没有比背叛更让人悲伤和难堪的事情了吧。维新的时候，那些大声喊着‘只有维新才能有活路’的那些人，竟然改口道：‘当时，我们又有什么力量反对呢。’无意中在报纸上看到类似这样的话时，我觉得悲伤极了。”

报纸和杂志的版面上不断地出现诽谤她父亲的文字，但是她当时却没有力量去纠正他们所说的谎言。就这样，身边的人开始一一离开她们，在那个世界的不闻不问中，他们姐弟仿佛从那个世界消失了一样。

这时，她逐渐明白住在青瓦台时，为何母亲总叮嘱她们要自律，谦虚再谦虚，因为自律是在青瓦台这个权利核心中保护孩子的最基本条件。朴槿惠也知道，母亲其实一直希望自己的孩子不要与权力搭边，像平凡人一样生活。她开始不再憎恨那些背叛父亲和自己的人，或许她从一开始就没有真正憎恨过。

朴槿惠之所以能这么快地放下心中的包袱，选择了宽容，是因为虽然过去那些对她非常疼惜的人在计较利益后纷纷改变了态度，但那些曾经跟她只是聊过几句话的人，却依然会试着给予她们一些帮助，这让她非常感动。她在绝望中看到的一丝曙光、一丝希望告诉她，这世上还是善良的人更多。同时，她明白了读懂人心是多么重要的一件事。每当她看到媒体把自己一路走来的这十八年写成隐居或闭门思过，都会一笑而过，因为她早已经学会了宽容别人，善待自己。

据一个职场调查显示，大多数人更喜欢和宽容的人在一起共事，而宽容的人则更容易升职，取得事业上的成功。斤斤计较的人，则往往会被同事所排斥，缺乏良好的人际关系，即使能力出众，也往往会被领导所忽视。

而从生活上讲，宽容的人更容易获得幸福感，更容易获得美好的爱情和家庭。从这个意义上讲，宽容不仅仅是一种美德，更是通往幸福和成功的道路。

宽容是一种仁爱的光芒、无上的福分，是对别人的释怀，也是对自己的善待。一个人的胸怀能容得下多少人，才能够赢得多少人。宽容不受约束，它像细雨滋润大地，带来双重祝福：祝福施与者，也祝福被施与者。宽容了他人，也就等于成就了自己。

宽容是一种品性，也是最重要的一种能力，它会让你更有亲和力和领导力。宽容需要学习，需要磨砺，需要一点一点培养。宽容是深藏爱心的体谅，宽容是对生命的洞见，宽容不仅是一种优雅的品行，更是一种人生的境界，事业上的助推器。

宽容他人是一个必需的过程，也是一个最真实的转化过程。你必须愿意宽容给你带来痛苦的人或者境遇，宽恕他们，释放他们。继续抱着消极的思想，只能伤害你自己，吸取来更多的消极能量。也就是说，当你不愿意宽容某人的时候，就像在喝毒药，不仅毒到别人，更毒到了你自己。

人这一生难免会遇到各种伤害，包括精神上和肉体上的，如果你把所有的时间都用在报复上，那你的生活剩下什么呢？要想得到别人的关怀和爱，我们首先就是要爱自己。所以，面对别人的伤害和背叛，还是主动选择原谅对方吧！一个人放弃报复的念头，宽恕别人的伤害，他的心灵反而会显得无比美丽。

## 放下仇恨，给心灵自由

2002年，朴槿惠突然接到朝鲜有关部门的通知，邀请她前去朝鲜访问。

朝鲜政府对朴槿惠意味着什么？她的母亲就是死在朝鲜的杀手手中，父亲也屡遭朝鲜政府刺杀，国恨家仇可谓朴槿惠身上全都有。她是从小看着父亲为了抵制北方的威胁，为国家劳神操心的样子长大的，所以当时许多人都认为朴槿惠不会答应朝鲜方面的请求，包括朝鲜方面也是这样认为的。

“朴槿惠女士真的打算来共和国吗？”当听到她决定去朝鲜后，朝鲜政府惊讶了，他们希望朴槿惠写一封确认信，而她马上就这样做了。

朴槿惠在采访时说道：“做这个决定确实很困难，但如今我认为应该超越过去的痛苦记忆才是。因为只有我经历过那样的痛苦，所以反而更希望能够解开南北（对立）关系。”

对于朝鲜百姓，朴槿惠一直抱有同情，她所在的公益组织每年都会定期给朝鲜的儿童送去玩具和药品。朴槿惠早已把心中的仇恨放下了，因为仇恨带来的只有愤怒。愤怒会让一个人失去理性，而失去理性的人只会毁掉自己和别人的生活。

仇恨是什么，它是用别人的错误来惩罚自己。生活中我们看到很多放不下仇恨的人，活着的唯一意义就是为了报复，为了报复什么丧心病狂的事情都能做出来，甚至滥杀无辜，最后身陷囹圄才发现，自己一生中竟然没有好好地度过一天属于自己的日子。

金庸的经典武侠小说《神雕侠侣》中有一个悲剧性的人物就是李莫愁，她一生都活在仇恨中，当她心爱的男人陆展元背叛她后，她因爱生恨，一个善良的女孩变成了大魔头，不仅将陆家赶尽杀绝，并且滥杀无辜，嗜血成性。她心中全都是恨，每天都活在痛苦之中，最终她身中情花之毒，葬身火海，这对她来讲未尝也不是解脱。

其实，她完全可以重新开始自己的一段生活，以她的美貌和智慧，她完全可以嫁给一个更为优秀的男子。如果她因为这段情而看破红尘，以她的资质完全可以成为一代武学宗师，如同郭襄一样。郭襄对杨过的感情之深如同李莫愁之陆展元，然而郭襄不会因为得不到而心生仇恨，反而最终开创了峨嵋派。

雨果说过：最高贵的复仇是宽容。宽容你的仇人，就是解脱自己，给自己一个新的开始。你的生活不能一直活在痛苦中，不能活在别人的影子里。一个国家、一个民族也是如此，如果一直活在历史的影子中，那双方青年的心中只有彼此的仇恨，付出的将是连绵的战争。在战争中，我们会失去自己的亲人，会失去现在的生活，会丢掉现在我们所享受的幸福。

朴槿惠很喜欢这么一句话：“当你心中产生仇恨的时候，你内心就产生了恶。”当你内心产生仇恨的念头的时候，第一个受害者不是别人，而是你自己。当心灵被仇恨所束缚，仇恨占据了你生活的全部，你还会有自己的梦想吗？你还会想到自己来这个世界的目的吗？是甘愿当一个复仇的工具，还是去实现自己的人生价值，享受生活给予你的恩赐？

有人肯定会说，我也想放下仇恨，但说起来容易，谁又能真正的做到呢？但是请问，你不尝试着放下，那又该如何呢？难道永远像垃圾一样把他们放在心里？

如何放下仇恨，这是很多人想探讨的问题。想放下仇恨，首先就要主动像朴槿惠那样包容自己的仇恨。要明白，人性本来就有虚伪丑陋的一面，既然谁都有，你又何必拿别人的阴暗面来折磨自己呢？

别人做了对不起你的事情，那是因为别人的品格有问题，我们远离他就是了，没有必要记仇。心上放一支玫瑰，会想起爱情；放一棵小草，会想起春华；放一片枫叶，会想起秋实；放一枚红豆，会想起相思；放一本圣经，会想起感恩。但是如果放上去的是仇恨，那断送的是一生的幸福。放下仇恨，我们不求对方的忏悔，只为让自己的心灵自由和平和，享受没有仇恨的生活，我们才能真正地感受到生活的简单和快乐。

## 诚恳地接受他人的意见

发型对于女生来讲，往往被看得比生命还要重。一个适合自己的发型往往可以增加个人的魅力，让自己更加自信。但是，人不可能一辈子只保持一个发型，长时间保持同样的发型，自己看着也会烦，所以朴槿惠在经过慎重的考虑后，决定给自己换个发型，换个新形象。

但是作为一个公众人物，换发型往往会引起民众的议论，不少明星在换发型后，被粉丝一片吐槽，经纪公司后来不得不规定，明星换发型必须要经过公司同意，以免给公司造成损失。

朴槿惠的新发型很快也被吐槽了。一个议员对朴槿惠变化后的发型很不满意，他召集釜山地区的理发师们举行了一个支持朴槿惠原来发型的活动。

一般人肯定得这样想，这叫什么事啊，我换发型，你在一旁指手画脚不说，还召集了一堆人抗议我换发型，故意找茬吧。

朴槿惠听说后，不仅没生气，反而出席了这次活动。议员在演说中问大家："各位都是理发界的行家里手，请大家分析分析朴槿惠代表的发型是以前的好，还是现在的好？"结果，大部分人通过举手方式确认朴槿惠以前向上卷起的发型好看。朴槿惠一看群众都举手了，二话没说，当场就恢复了以前的发型。

也许有人会说，朴槿惠是一个容易向别人妥协的人，其实错了，因为朴槿惠绝不是一个容易向别人妥协的人，在她的人生字典里，似乎也找不到"妥协"这两个字。她是一个很有原则的人，也绝不会违反自己的原则而向别人妥协。她之所以选择接受换发型，完全是由于觉得这样的发型不错，既然大家喜欢，那就换，这不是什么大事。

宽容，首先要能容人言。人言有褒贬诤谗之分，听到褒奖之语时，心里一定要坦然，切记浮躁，多正视自己的不足，才不至于在褒奖中跌落下来；遭遇贬抑之语，也不要认为对方是恶意批评你，无论对方的话多么残酷、无稽，也要坦然处之。

如果朴槿惠当时不分青红皂白，跑去把那名议员批评一顿，那她失去的不仅是拥有更完美的形象的一次机会，也会失去一群关心自己的朋友。赞美固然让人心花怒放，但是批评才会让一个人进步。一个希望成功的人，必须时刻保持一颗虚怀若谷的心。

松下幸之助说过："能虚心接受人家的意见，能虚心地去请教他人，才能集

工作中的朴槿惠。

思广益。”一个人的眼光和思想总是片面的，不可能让自己尽善尽美，因此，广泛听取别人的意见就成了一个让我们不断完善自己的最好途径。朴槿惠是一个能接受他人意见的人。对于她能接受别人的意见这件事，很多人都有自己的评价。

韩国新国家党前非常对策委员会委员李俊石说：“作为新国家党的非常对策委员，我接受朴槿惠的建议是有前提条件的。我曾表示，如在参与过程中发现任何问题我都会直接提出，而朴槿惠的态度让我十分欣赏，她表示很欢迎我这样做，让我感受到她愿意倾听各年龄层的意见和对人的真诚。”

国会议员崔炅焕这样评价朴槿惠：“过去的历届领导人都是把工作交给自己的副手或助理，但朴槿惠绝对不会这样做，她常常是在听取了众人的意见之后，选出其中最适合的意见来采纳。”

此外，朴槿惠在2012年5月16日在自己的Facebook里留言道：“我肩担的非常对策委员长一职已经卸任了。虽然国民们对于我们新国家党的变动给予了很大的信任，但是为什么不能完全信任我们呢？想知道大家认为我们有什么不足之处，我认为准确认识到自身的不足，才可以更好的解决问题。”

这些都可以体现出朴槿惠是一个乐于接受他人意见的人。

在日常生活中，很多时候人们总是想迫使别人接受自己的意见，而不愿意虚心接受别人的意见。因为我们总是认为自己的想法才是对的，甚至有时碍于面子，明明知道自己是错的，也不愿意当面屈服于别人的意见。这种想法和做派，长此以往，会使我们失去很多改进自己和成就自己的机会，而在成功的道路上多了层障碍。

想象一下，十个人齐聚一堂，围绕着一张圆桌团团而坐，一起对摆在圆桌当中的一物品进行描述，每一个人描述的都会不一样，因为每一个人看到的角度都不相同，就会产生不同的看法。由于每个人的信念不同，出身、成长环境和所受教育不同，也会对某一件事情有不同的看法。其实，有不同的看法不是一件坏事，尤其是作为领导的你，下属们有不同的看法，你应该值得庆幸，因为这么多看法中，多多少少对当下的事情有所帮助。

固执己见者要防止自己的弱点被发现，必然会被孤立而无法快乐，这已是不争的结论。我们一定要听取别人的意见，如果有人对你提出了不同意见，甚至说了一些不好听的话，也要感谢他们，因为只有你的朋友，他们才会抽出时间冒着得罪你的危险给你提意见。感谢那些曾经提意见给我们的人，是他们促进了我们的进步。

## 爱上不完美的自己

在外人眼中，朴槿惠失去了双亲，没有丈夫，没有孩子，甚至连一场恋爱都没有谈过，至今独身，她的人生充满了太多的缺憾。

这样的人生对许多人来讲，都是难以接受的，因为它有着太多的不完美。

在一场采访中，当记者问道，你年轻的时候没有谈过一场恋爱是否感到遗憾。朴槿惠并没有说，是啊，我很遗憾，然后一堆哭诉，或者恼羞成怒，如果那样，她就不是朴槿惠。

朴槿惠当时笑着说道："没有啊，我有过初恋的人，他就是《三国》里的赵子龙。因为每次只要他一出现，心中就会不自觉地小鹿乱撞。"

面对自己的不完美，去接受它，并爱上它，这是宽容自己、善待自己的智慧。

这个世界上没有任何人的人生是完美的，也没有任何人是完美的，完美的人生或者人并不存在，反而有些遗憾却能装点我们，让我们变得更美。比如说我们的初恋，大部分人的初恋其实都会以分手而散场，这不能不说是我们人生中的一个遗憾，但是如果没有这些遗憾，也许我们以后再回忆我们的青春，就不会有那样的感动和美好。

曾经有一个女孩子，青春靓丽，大学读的是国内一流大学，出国留学学的是麻省理工学院的MBA，曾游学走访35个国家，学业、商业、艺术、体育等各方面都出色，全能全才，令人羡慕。然而，这样一个看似完美的女孩却自杀了。这个女孩子叫郭晏均，她的死，不仅让人惋惜、震惊，更激起普遍的疑问：为什么？

通过她亲手写下的文字，我们似乎可以看出其中的端倪。

原来这个女孩死在所谓的“完美”之下。从她出生，父母就希望她是一个完美的女孩，学习成绩必须优秀，读大学必须要读一流的大学，不仅会读书还要懂艺术，懂生活，甚至连结婚生孩子都要求完美。在这样的压力下，女孩最终选择了自杀！

追求完美是没有错，但是任何事情都苛求完美的人是很可怜的。如今，许多爱美的女孩纷纷选择整形来把自己整的更漂亮些。但是，只要是手术就不会是100%成功的，即使成功了也不能担保以后不会出现问题。

2011年，北京军区总医院的急救科里突然忙碌起来，急救车送来了一位病人。这是一名年轻女子，头部和胸部都缠着绷带，戴着呼吸机，整个人处于昏迷之中。急救科的大夫迅速给她进行了检查，结果让所有人都惊呆了：除了心跳，她的所有生命体征都已经停止了。

随车来的不仅有救护人员，还有某整形医院的领导和医生，以及病员的家属。之所以有这么大的“阵势”，是因为这名女孩是在该院做整形手术时出事的。随急救车同来的医生告诉他们，病人同时做了隆胸和下颌整形手术，在做下颌手术时弄破了面部血管，导致失血性休克，被迫送来抢救。

整容出现的医疗事故并不是少数，许多原本漂亮的女孩就是因为想追求一个完美的自己最终整容失败，留下一生的悔恨，有的甚至付出宝贵的生命。

追求完美不是一件坏事，但苛求完美就是对自己不宽容，不懂得善待自己。要知道，这个世界上鱼与熊掌是不可兼得的，我们要懂得舍弃。如果我们为拥有一张美丽的面孔却需要冒着牺牲健康的危险，那是不值得的。

苛求完美的人活着是痛苦的，因为他们对于自己身上的一些小毛病总是看不顺眼，于是长期地活在抑郁中。每个人身上都会有这样或者那样的毛病或者缺陷，我们要明白，不完美才是真正的自己。因此，我们可以追求完美，但绝对不能苛求完美。如果所谓的“完美”让我们活得特别累，甚至要承受巨大的压力，这样的完美我们就要果断地放弃。

## 人要学会自己拯救自己

人生在世，谁心中不会藏着一段伤痛呢？也许是亲情的缺失，也许是爱情的背叛，越想隐藏却越欲盖弥彰。人生是痛苦的，但并不是说，痛苦来了，我们除了举起双手投降之外，就只有逃避，把一切都扔给时间，希望时间能够冲淡一切。可是时间老人往往不会帮我们这个忙，因为一旦有人提起那段伤痛后，你那已经结疤的伤口依然会变得鲜血淋漓。

那么我们该怎么办呢？我们要学会治愈伤痛，拯救自己。

父亲离世后，朴槿惠尝尽社会最底层的滋味，也忍受了无数的背叛，简直就像是站在山崖边缘。关于这段经历，朴槿惠在自传中写道：“沉默的时间，一切都会时过境迁。”“我发现用对的方法活下去才是真正的人生，人生中最重要的不是金钱、名誉或权力，那些只不过是一瞬间就会消失的海市蜃楼。”

在朴槿惠看来，不管曾经经历些什么，都会成为过去的，只有用对的方式去面对，才能活出真正有价值的人生。父母亲过世的打击，让她的身体变得非常虚弱，经常感冒，吃不下东西。在巨大的压力之下，朴槿惠开始练习瑜伽，学习丹田呼吸法，有时候，也会写写诗来安抚自己的内心。心平静了，肉体自然会变得健康，胸口巨大的压力也开始慢慢地消失了，信心也恢复了。她每天都练习丹田呼吸法，身体对疾病的免疫力也增强了，以前一直觉得不好吃的东西，也觉得味道很不错，慢慢地恢复了自信心。

当然，这些好的转变，不仅仅只是瑜伽和丹田呼吸法的功劳，跟阅读也有很大关系。那段时间，她读了《法华经》《金刚经》等佛教经典和基督教经典《圣经》，此外也开始阅读中国的《贞观政要》《明心宝鉴》等。她把这些书放在床头边，以便随时可以阅读。如果她看到比较喜欢的句子，就会用笔抄写到笔记本上。每当心情烦闷的时候，她就会把笔记本拿出来翻看。

朴槿惠很喜欢《明心宝鉴》中的一句话："利用别人的心来责怪自己，错就会少一些。利用原谅自己的心来原谅他人，两人之间的交情将会久远。"奥修·罗杰尼希说过："既然人生短暂，但有星星、月亮、花朵、男人、女人、江河和山等无数欢乐相陪。而你却还要继续争夺，愚昧地过这一生吗？你空手来空手走，当你领悟到这一件事时，一切就会自然变得明朗。"她总能从她喜欢的这些话中感到安慰和平静。

朴槿惠曾在一本杂志上深情地表示："母亲和父亲相继死于非命，一度使我连呼吸都感到困难。在最困难的时期，是中国国学大师冯友兰的《中国哲学史》使我重新找回了生命的灯塔。"书中"坐密室如通衢，驭寸心如六马可免过"的字句，让她知道了自己该如何继续生活。

世界太残酷，太现实，没有人去分担朴槿惠的痛楚、倾听她的孤寂、抚慰她的心灵，但是她却能治愈自己的伤痛。她站了起来，开始了她的新生命，这是值得我们敬佩和学习的地方。

想治愈旧伤，就要彻底抛去曾经让我们伤痛的生活，不要害怕孤独，一个人总要走陌生的路，看陌生的风景，听陌生的歌。当你开始新的生活的时候，你崭新的生命就将开始。最后你会发现，曾经把你折磨得死去活来的痛苦早已经烟消云散，原本费尽心机想要忘记的事情也真的就那么忘记了。

人在遇到事情时，最应该求助的是自己而不是别人。

勇敢地问一下自己："我该怎么办？"勇敢地去处理问题，而不是等着别人来帮你，因为别人也有自己的生活，他们不会永远地帮你，靠得住的也永远只有你自己。凡是经历过经济危机的人，对此都深有体会。假如有人在自身无错的情况下公司倒闭了，那是否就能由此推断：他就是个失败的人呢？假如有杰出的企业家，因为国际大环境的动荡而失手，是否就因此认定他已经一无是处了呢？我们不应该在自己无法控制的事情上压上自己的全部自尊。

我们一直在追问，幸福是什么？对于朴槿惠而言，幸福就是父母健在，大家在一起平平淡淡地过日子，但是，有时候，上天实在特别的残忍，会将我们所拥有的东西残酷地剥夺去。

因为有情，所以我们会痛。亲人的离别，爱人的离去，我们都会痛，但是生活还是要继续。面对生活的磨难，我们唯有坚强，我们若不坚强，我们的梦想该置于何处，那些爱我们的人怎会心安。

父母亲的死在朴槿惠的心中如今成了一道疤，它的意义在于激励朴槿惠更好地活下去，唯有活得更好才能对得起自己的父母，唯有替"父亲完成未完成的遗愿"，才能让自己活出生命最美的一抹色彩。所以，她选择拯救自己，积极地治愈自己的伤痛。

过去在青瓦台的时候，朴槿惠有一个心愿就是走遍全国各地，由于时间太忙，一直没有完成这个心愿。因此，从离开青瓦台后，她决定踏上期盼已久的旅游之路。她走遍了全国的知名大山和古迹，经常独自一人在乡间小路上行走，感觉是那么的舒服。她看到了很多纯真的笑容，听了很多有趣的故事。

她还记得有一次，她经过一个乡村，那个村子里几个大婶正在晒辣椒，看到她经过就把她叫住，她们旁边放着刚煮好的面条。

"虽然不知道你是从哪里来的，反正用餐的时间到了，就过来一起吃碗面再走吧。"

"太感谢你们了，不过，我没关系的。"她怕打扰大婶们的快乐时光，所以选择委婉地拒绝了她们的邀请。

“是因为没有配菜吗？”

大婶们非常热情，朴槿惠觉得再拒绝就有点难堪了，再说，走了一天的路，确实有点饿了，于是走向了她们。一位大婶马上就把一碗满满的面条端了上来，乡村的人情让她感到了相当的温暖。

一位大婶看她吃得这么香，似乎突然想起了点什么，于是好奇地问道：“你是不是三洞里里长的女儿！你跟那家的女儿长得很像呢。”

这时，站在身旁一言不发的一位年纪比较大的奶奶训斥道：“你们就让她好好地吃碗面，好继续上路，干嘛这么多话。”

在温馨的对话中，朴槿惠感觉到无比的力量，吃完了那一大碗面后，她站了起来，向大婶们感谢道：“谢谢你们的招待，可是现在我没有什么礼物可以送给你们当作回礼。下次有机会再走这条路的时候，我会带着饮料作为送给你们的礼物。”

朴槿惠离开后，那位沉默寡言的老奶奶追了上来。

“我知道你是谁，你和你的母亲长得真像。她生前做了太多的善事，就算其他人能够忘得一干二净，但我这个老人家却记得清清楚楚。拉电线到这个小村的那个男人就是你的父亲吧？”

说完，老奶奶就从衣兜里拿出揉成一团的几张钞票要她拿去当零花钱。朴槿惠不停地婉绝，可老奶奶把手里的钱塞进了她的手里就转身走了。她本来是想追上去的，可她突然想起了有关她外婆的一件事情便停止了脚步。

朴槿惠的外婆是非常虔诚的佛教徒。在世的时候，经常去庙里拜拜。

那是冬天里的一天，朴槿惠陪着外婆去庙里回来的路上，外婆看到在路边站岗的年轻士兵，就走进了一间杂货店。外婆从杂货店里买了一包香烟和几包泡面，然后走到了士兵面前把手上的东西给了他。

“小小的几样东西你就收下吧。在这么寒冷的冬天你们还要这么辛苦，我心里非常难过。拿去和你的伙伴们一起分着抽吧。”

士兵们收到陌生老奶奶送给的礼物，脸上露出了不知所措的表情，但是依旧精神百倍地向她的外婆表示了感谢，回到了车子里的外婆这才露出了放心的表情。朴槿惠想，或许这个老奶奶跟自己的外婆一样吧，只有自己收下了她们的礼物，她们心里才会开心。

老奶奶转身离开的时候，还安慰道：“振作点，往后的日子还很长。”看着老奶奶远去的背影，朴槿惠的眼泪不受控制地流了下来。

我们需要自己拯救自己，自己让自己开心起来。心理学家推荐了一些能让我们开心的事，可以好好拿来借鉴：每天读一些好书；拍几张照片；看快乐的电影；在周末的清晨做白日梦；给朋友寄卡片；在水边散步；偶尔吃一顿大餐；每星期坚持做一次锻炼；一边开车，一边大声歌唱；一边喝咖啡，一边读小说；一边打电话，一边信手涂鸦；一边洗澡，一边唱歌。

拯救自己，是爱自己的一种体现，也只有爱自己的人才有资格和能力去爱别人。千万不要让痛苦控制住我们，这样的人生活也会变得越来越糟糕。我们要努力活出最精彩的自己来，即使自己现在的处境并不是很如意。

## 道歉会让人更加敬佩你

对于父亲，朴槿惠总是充满敬意，在她看来，正是在父亲的带领下，韩国从一个落后的农业国发展成为一个经济强国，让国民们的收入翻了十几倍，结束了贫穷的生活。

而在家庭方面，父亲也是一个不折不扣的好丈夫和好父亲，从小对子女关爱有加，一直都是朴槿惠崇拜的对象。但是，当朴槿惠向韩国首位女总统发起冲击的时候，父亲给她留下来的负面政治影响，她必须要迈过去。

别人说她是“大独裁者的女儿”不值得选民们信任。面对现实，朴槿惠一方面肯定父亲朴正熙总统“汉江奇迹”的深远历史影响；另一方面，真诚地向人民道歉，并力图向人民证明，她所执行的路线是一条民生路线。

“我深深地向所有因政府滥用权力而受伤害的个人以及受害者家属道歉。”朴槿惠在镜头面前多番向韩国选民鞠躬致歉。韩国前总统金大中在朴正熙当政时期，数度入狱，朴槿惠多次前往医院看望卧病在床的他，并且有一次，还握着金大中的手深表歉意，让金大中感觉“朴正熙转世向我伸出和解之手，很是高兴”。

朴槿惠在自传中写道：“我一直非常珍惜父亲和那一辈人对这个国家的产业化所付出的汗水与泪水，也对为了国家民主化而努力付出的人，给予了非常高的评价。其实父亲那个时代，最重要的任务就是……脱离贫穷和饥饿，因此从民主化的角度来看的话，的确存在着许多不足之处，在进行民主化运动的过程中，受害的人也的确是存在的。我对那些人总是抱着非常大的歉意，能有今天的大韩民国，他们的牺牲是无价的。我认为唯一能报答那些人的方法，就是将父亲生前未完成的民主化发扬光大，并努力让国家变成一个生活富裕的国家。”朴槿惠在公众面前道歉，表达自己的诚意，不仅取得了选民的原谅，并且获得选民们的尊重，最终用歉意征服了韩国。

道歉，说起来容易做起来难，许多时候，我们宁愿一错再错，也不愿丢掉自己的面子，尤其是公众人物，总是想把自己打扮成一副完美无缺的样子，认个错，简直比登天还难。有些人甚至还会觉得，向别人道歉是一种软弱的表现。

其实，道歉并不会让你失去什么，更不是一种软弱的表现，反而更多显出你的胸怀和风度。人非圣贤，孰能无过。人一生谁不会说错话，办错事。说错话就需要道歉，这不单是道不道歉的问题，更涉及一个人的品格与修养，为人处世的能力。

首先，道歉并非耻辱，而是真挚和诚恳的表现。道歉不仅不会损害你的面子和威信，反而可以顺利地解决问题，并且增添你的个人魅力。

其次，道歉不是一种为自己狡辩的伎俩，更不是要去骗取别人的宽恕，而是一种勇于自责、勇于承认过失的责任。责任会让你变得更强大，会让你赢得别人的尊敬。

1970年12月7日，大雪过后东欧最寒冷的一天。刚刚对捷克、波兰进行过国事访问后，当时的联邦德国总理维利·勃兰特冒着凛冽的寒风来到华沙犹太人死难者纪念碑下。他向纪念碑献上花圈后，肃穆垂首，突然双腿下跪，并发出祈祷："上帝饶恕我们吧，愿苦难的灵魂得到安宁。"勃兰特以此向二战中无辜被纳粹杀害的犹太人表示沉痛哀悼，并虔诚地为纳粹时代的德国认罪、赎罪。

同时，联邦德国总统赫利向全世界发表了著名的赎罪书，消息传来，世界各国爱好和平的人们无不拍手称赞。1971年12月20日，勃兰特因此获得了诺贝尔和平奖。

有的人总是想，我道歉了，别人肯定会追打不放的，那我还不如死撑着，等对方忘记，也许就没事了。但是，对于一个不懂得包容的人来说，岁月的流逝并不会让对方忘记伤害，反而记忆会越来越深刻。所以说，受害的不仅是你，也是对方。如果当初你能对他真诚地说一句"对不起"，也许别人马上就会接受你的道歉了。

勇于承担错误，自古便是美德。北京大学教授张颐武说："儒家说君子之过也，如日月之蚀焉。过也，人皆见之；更也，人皆仰之。还说吾日三省吾身。长久下来，反躬自省，勇于承认错误已经成为中华民族最重要的品德之一。"

但是我们总是碍于面子，这样或者那样地给自己找借口，最终因为一件小事而把自己的前程断送。莎士比亚在《李尔王》中说过："为失败找借口，最后只会使伤口越撕越深。"如果有不经意伤害他人的言语或举动，解决问题最好的方法就是道歉。一句道歉，能温暖他人的心；一句道歉，能为自己赢得朋友；一句道歉，能让自己前途一片光明；一句道歉，可以像朴槿惠一样，赢得整个国家。

这就是道歉的力量。

## 无法改变世界，就改变自己

托尔斯泰说：“世界上只有两种人：一种是观望者，一种是行动者。大多数人都想改变这个世界，但没人想改变自己。”朴槿惠很认同托尔斯泰的这个观点，她在日记里写有这么一句话：我们不能改变世界，我们就改变自己，用爱心和智慧来面对这一切。

朴槿惠多次在自己的随笔集里提到，一个人活得是否幸福，跟她的出身以及成长经历都没有多大的关系，真正有关的是这个人是不是有足够高的智慧。

现在很多人总是认为自己不能成功，享受不到幸福的生活，是因为自己没有一个富爸爸，这是一种很不成熟的体现。我们无法改变事实，但我们可以改变自己啊！只要你有决心，任何人都不能阻止你。

有一次，柏拉图告诉弟子说，自己有移山的本领。

弟子们听后，纷纷请教。柏拉图笑道：“很简单，山若不过来，我就过去。”

弟子们不禁哑然。

是啊！世界上根本就没有什么移山之术，唯一能够移动山的秘诀就是：“山不过来，我便过去。”同样的道理，人不能改变环境，那么就改变自己。

改变自己，其实就是接受现实，宽容自己，善待自己。朴槿惠承受了别人无法承受的磨难，如果她不懂得宽容自己，善待自己的话，那么她很可能就会被生活逼疯。

无法改变事情，就改变自己，这不是证明自己的软弱，而是告诉自己，有些事情是应该放下的，也只有放下了，才能开始新的生活。

朴槿惠很喜欢威斯敏斯特教堂地下室英国圣公会主教墓碑上写的那段话：

当我年轻自由的时候，我的想象力没有任何局限，我梦想改变这个世界。当我渐渐成熟明智的时候，我发现这个世界是不可能改变的，于是我将眼光放得短浅了一些，那就只改变我的国家吧。

但是我的国家似乎也是不能改变的。当我到了迟暮之年，抱着最后一丝努力的希望，我决定只改变我的家庭，我亲近的人，但是……唉！他们根本不接受改变。

现在在我临终之时，我才突然意识到：如果起初我只改变自己，接着我就可以依此改变我的家人。在他们的激发和鼓励下，我可能就能改变我的国家，接下来，谁又知道呢，也许我连整个世界都可以改变！

我们经常这样说，一定要坚持做最真实的自己。这句话没有错，但是如果我们改变了自己，却能让生活变得更好，是不是更应该这样做呢。其实，做最真实的自己，不是让自己一点都不改变，而是让自己变得更适应这个社会。

在无法改变的事情面前，改变自己，不是对生活的妥协，而是善待自己的一种方式。要知道，只有当你适应了这个世界，你才有机会改变这个世界。

南非民权领袖、首位黑人总统曼德拉小时候因为是一个黑人而备受歧视，当时很多黑人青年因为遭受不公正的待遇而变成暴力分子，年纪轻轻的就吸毒、酗酒，反而让白种人更瞧不起，种族冲突更加严重，而曼德拉也经历了这种彷徨。

但是曼德拉不甘心黑人一直饱受压迫，希望能让不同种族的人都能和平共处，互相尊重。他首先从改变自己开始，不再自怨自艾，而是努力读书，白种人可以做到的事情，他也可以做到。周围的同学和朋友受到他的影响，也不再酗酒、逃课，一同为了共同的目标而奋斗！

曼德拉曾说过：“当我走出囚室迈向通往自由的监狱大门时，我已经清楚，自己若不能把痛苦与怨恨留在身后，那么其实我仍在狱中。”

人生何尝不是如此，当发现世界不是我们想象的那样时，我们却不懂得改变自己适应这个世界，这就好像是自己把自己关进监狱里，不想着走出去。

许多时候，结果不是我们想象的那样糟糕，只是因为我们没有把自己的态度摆正。

当人们说朴槿惠是大独裁者的女儿时，选民们需要的只是一个对历史的客观态度，而不是真打算要把朴正熙总统拉出来鞭尸，而当你道歉后，发现你赢得的更多的是别人的敬佩。

命运对任何人都是公平的，谁都不可能真的一帆风顺，都会碰到各种难题，经历种种坎坷。有些人倒下了，可有些人仍坚定地站着，主要原因在于后者敢于主动改变自己。

有两个来自各自农村的人，准备外出打工。一个打算去上海，一个决定去北京。可是在候车大厅等车的时候，各自又都改变了主意，因为他们同时听到邻座的人议论说：上海人精明，外地人问路都收费。北京人质朴，见了吃不上饭的人，不仅给馒头，还送旧衣服。

于是那个想去上海的人想：还是北京好，挣不到钱也饿不死，幸亏车没到，不然真要掉进了火坑。而那个打算去北京的人想：还是上海好，给人带路都能挣钱，还有什么不能挣钱的？我幸亏还没上车，不然真的失去一次致富的机会。

后来他们在退票处又相遇了。原来要去北京的得到了上海的票，去上海的得到了北京的票。去北京的那个人发现，北京果然好。他初到北京的一个月，什么都没干，竟然没有饿着。不仅银行大厅里的矿泉水可以白喝，而且大商场里欢迎品尝的点心也可以白吃。

去上海的那个人发现，上海果然是一个可以让人发财的城市。干什么都可以赚钱。带路可以赚钱，开厕所可以赚钱，弄盆凉水让人洗脸都可以赚钱。

凭着农村人对泥土的感情和认识，第二天，他在建筑工地装了十包含有沙子和树叶的土，以“花盆土”的名义，向不见泥土而又爱花的上海人兜售。当天他在城郊间往返六次，净赚了五十元钱。一年后，凭着“花盆土”，他竟然在大上海拥有了一间小小的门面。

在常年的走街串巷中，他又有一个新的发现：一些商店楼面虽然亮丽而招牌却比较黑，一打听才知道是清洗公司只负责洗楼不负责洗招牌的结果。他立即抓住这一个空当，买了人字梯、水桶和抹布，办起一个小型的清洗公司，专门负责擦洗招牌。如今他的公司已有150多个打工仔，业务也由上海发展到杭州和南京。

前不久，他坐火车去北京考察清洗市场。在北京车站，一个捡破烂的人把头伸进软卧车厢，向他要一只空啤酒瓶，就在递瓶时，两个人都愣住了，因为五年前，他们曾换过一次票。

两个同是出身农村的年轻人为什么最终的结果不一样，一个成为社会精英，而另一个则成为乞丐。这和他们换不换票没有关系，其实从一开始，他们对生活的态度就不一样，一个做好了吃苦的准备，而另一个却只想着如何享福。

如果，当初那个只想着享福的人能改变自己的态度，努力地改变自己，做好吃苦的准备，愿意去闯出一番事业的话，那肯定也不是现在的这种结果了！世界就是如此，当你主动改变了自己去适应社会，你的生活就会变得越来越好。

第四章

# 优雅，女人的必修课

“这简直太过分了”“这真是不像话”“怎么可以这样”，
我们经常会发这样的牢骚。
但是不管我们多么抱怨，多么吵闹，
其实都是相当于对天挥舞拳头，无济于事。
即使你已经发挥了自己的聪明才智，即使你已经很努力，
但却不一定能够得到理想的回报，世上的很多事情并不总是尽如人意。
——朴槿惠

## 女人应该像树一样挺立

2006年6月，朴槿惠的党首任期届满。此时，她已给大国家党留下了丰富的政治遗产。因而，一宣布参选总统，她就获得了党内的大量支持。

与她对阵的将是前首尔市长、现年65岁的李明博。李明博的一位亲信“委婉”地表示：“毕竟妹妹与哥哥之间，由哥哥来当家作主，是韩国人普遍的想法。”

但是，朴槿惠毫不退让，高调回击说“女士优先”已是国际趋势。

朴槿惠说的“女士优先”，指的是世界现、前任女性领导人有18名之多，女性成为领导人已经成为了国际趋势，我们不能还持有“女性不可以”的偏见。此时的朴槿惠如同一棵高大挺立的树，让统治韩国政坛的男人们开始仰望。

从小，朴槿惠的母亲就教导她，女人一定要学会自强自立，强调责任感和谨慎。朴槿惠后来回忆道，对每件事情都思虑深远、和善而又带着自信的母亲一直是我从小崇拜的对象，是她让我从一个调皮鬼蜕变成一个稳重的少女。

朴槿惠在竞选时讲道：“母亲的梦想是建立一个孩子们充满憧憬、女性可以家庭事业两不误并实现自己的梦想，而且穷人和弱势群体也能实现梦想的国家。现在这成为我的梦想。”

朴槿惠以独立女性的强势姿态，打破韩国政坛和社会的种种禁忌，号召女性自主独立，主动承担家庭和社会责任。如今，越来越多的韩国女性像朴槿惠一样，开始变身为“第三类人”：不少家庭主妇开始读研攻博计划，韩国女性越来越多地出现在金融界、教育界、企业界……

独立的女人最美丽。成熟而独立的女人，能够让男人们悦心，也是被男士们所欣赏的。这样的女子没有妖娆女子的奴颜媚骨，也没有市井泼妇的尖酸泼辣。有的，只是平淡如菊的心境。她是男人们心中的良师益友，亦是男人们心头永远的一颗朱砂痣。

女人不一定非要有一份事业，但是必须要有一份工作，有稳定的收入，只有经济上的独立才能保证人格的完整，不要听信男人的话，说什么“你在家享福，我来养活你”，当他有一天不爱你了，你所有的自尊在他面前不堪一击，这时候的你才发现，能依靠的只有自己。

朴槿惠在自传里说：“我觉得那些辛苦与努力不仅可以使女性幸福，也可以让男性幸福。”

她认为现在的男性肩上的负担太多了，总是承担着极大的压力，为了家庭不停地奔波。所以，她极力地宣扬，男人应该把自己肩上的压力分担给女人一些。她还多次在演讲中提出，女性的幸福才是国民幸福的起点，并称兼顾工作和家庭的问题已经不仅是女性，更是国家的问题。

关于这一点，她对很多朋友以及下属讲过这么一个笑话：

韩国有一个非常爱国的人，他死后到阎王爷那里去报到。

这个人生前做了很多善事，所以阎王爷决定要满足他的三个愿望。这个人仔细想了想之后告诉阎王爷，他想让爱因斯坦、爱迪生和居里夫人这三个人在韩国重生。

阎王爷立刻实现了他的愿望。30年的岁月一晃而过，这位爱国者抱着“现在我们国家肯定很不错了”的想法到人间看了看，结果发现情况跟他死前没有什么两样。

他打听了情况才得知，爱因斯坦只是精通数学和物理，这种情况在韩国连大学都考不进去，如今的爱因斯坦仍然只是一个无业游民；爱迪生因为申请专利太复杂，他感到实在太累就每天待在家里无所事事；拥有博士文凭的居里夫人虽然认真地从事研究，但因为是女性，无论怎么努力也得不到社会的承认。

朴槿惠讲这个笑话，就是想让大家知道，这就是韩国的现实。她为爱因斯坦和爱迪生这样杰出的人在韩国却没有任何用武之地而感觉到可怜，更为一个女人即使拥有居里夫人的智慧，也无法得到社会的承认而感到可悲。

现在有很多女人认为，男人挣钱就是给女人花的，而她们的结婚对象也必须是一个有房有车的男人。我们不能说她们有什么不对，因为每个人追求的不一样，只是想说的是，当你花着别人的钱，哪怕是他心甘情愿给你花的，你就能那么心安理得吗？不自觉地总会做出些小牺牲吧，例如很多事情都会听他的，愿意为他放弃自己的某些追求。我们会冠冕堂皇地说这是为了我们的爱情做出的牺牲，实际上呢，真正的原因是我们不独立，需要依靠别人，失去了某些追求自由的权利。如果你希望两个人的地位始终是平等的话，那么你就应该不拿男人一分钱。如果你的男人经济条件不好的话，你就更加不能乱花钱，而应该主动分担起他肩膀上的压力。

美国投资银行及证券管理公司董事长朱蒂·瑞斯尼克的命运有着我们无法想象的坎坷：从富有的“千金”到落魄的离婚女人；从亲情围绕到所有亲人一个个残酷地离去；从健康美丽到两次身患癌症，人老珠黄；从生活阳光到整日酗酒嗑药。人生的大起大落、大喜大悲，就这样残酷地发生在这个有两个女儿的母亲身上。

在她四十岁的时候，她已经没有了青春，更痛苦的是，这时候她失去了丈夫。没有了家庭，也没有了退路。在“找个长期饭票”和“自己站起来”这两个声音中，她选择了后者，从证券公司的临时业务员开始她新的生活。在这个清一

自信、阳光的朴槿惠。

色都是男业务员的证券行业，她以独到的眼光与重视小客户的热诚，为自己开创了一条生路。

著名节目主持人杨澜曾写下这样的文字：“女人，要懂得经营自己。在‘白头偕老’已经快要成为神话的现代社会，女人拥有一张长期饭票的几率越来越低，当婚姻破碎了，金钱纠纷很容易导致男女双方恶言相向，受害的一方往往是女人。即使婚姻幸福的女人，也有机会单独面对现实人生，因为妇女普遍比男性长寿八到十岁，年轻守寡的事也时有所闻。为没有依赖的日子做好准备，命运才可以掌握在自己手中。”

相对不独立的女人来说，独立的女人更能坦然的面对社会、面对生活赋予她的一切，甜也好苦也好，悲也好喜也好，痛也好乐也好，她们都会有勇气去承担，使她们即使遇到失败或者残缺的生活，也不会失去努力向好的方面发展的动力。她们的自信，使她们即使做不到拥有最漂亮的外表，也能拥有最令人折服的内涵。

女人并不是只依靠男人才能生活下去，相信你自己的力量，一个独立、干练的女人往往能得到更多的幸福与成功！男人也有脆弱的时候，如果你让男人在他脆弱的时候感觉到你的坚强，那么你们将会过得更幸福。女人应该像朴槿惠一样，如一棵挺立的树，给别人带来温暖，带来依靠，这样的感情也足够深厚，这样的幸福才真正值得你去拥有。

## 相信自己能飞翔，才能拥有翅膀

刚复出政坛时，朴槿惠首先面临的一个问题是：是否决定参选大国家党副总裁。

其实，她完全不必参选，因为大国家党里有一个副总裁的位置是专门留给女性的，但是这个职位只是配合给韩国民众看，并无多大的实际意义。当时党内决定让朴槿惠担任这个职位，但朴槿惠拒绝了，她拒绝“恩赐”来的职位，坚持要通过参选成为名副其实的大国家党副总裁。

从那时起，民众可以在选举集会或各种媒体上，看到朴槿惠面带胜利和自信的微笑，从容不迫地回答记者的提问，阐述施政纲领，时而对自己也毫无掩饰地做一些介绍，自然而轻松地展示她那外在的容颜和内心深处的美。

很多享有特权的人往往外表精致、举止优雅，但他们并不是在所有的时间里都是那么自信，他们的自信只是流于表面，非常脆弱和易碎。因为那根本就不是真正的自信，而仅仅只是一种高高在上的习惯。他们开着名车、游船到处走，向别人表明我不是一个普通人，其实只是为了掩饰自己内心的脆弱。

但朴槿惠所拥有的自信绝不是表面的自信，她这种自信在儿童时期就有了。

住在新堂洞的时候，她常和社区的朋友们玩丢沙包、捡石子、跳橡皮筋、躲猫猫等游戏，当时的她就有一颗必胜、敢争第一的心。为了当上捡石子游戏的冠军，她事先会和妹妹槿令在家里进行多番练习；为了跳橡皮筋能撑到最后，她会一股气跳到整个脸颊涨红为止。

那个时候，谁最擅长玩丢沙包、捡石子、跳橡皮筋这三种游戏，谁就可以成为社区里的孩子的头头，当时的朴槿惠就具备了这样的资格。

朴槿惠在女性政治研究院还说过这么一句话：“我们女性在操持家务中，有着天生的能力，更善于管理危机。在操持国家的生计、管理国家危机方面也会做得很好。”

这句话可以强烈地体现出她内心的自信。当一个人相信自己能做一件事的时候，那么即使这件事很困难，也依然会很好地完成。

现在，许多人常常抱怨生活太苦，想尽各种方法寻求解脱之道。但是，实际上，就算有人告诉了他们具体的方法，但他们不相信，不去做的话，最后仍然会生活在痛苦当中。

不去做，是因为他们缺乏自信。没有自信，那么他的心中就不会有希望，自然会活得很痛苦。著名的女作家毕淑敏曾说道：“外表的美丽会因时间的消逝而逐渐黯淡，但是由内而生的自然魅力才是女人美丽的源泉，而这种魅力是建立在从容自信的基础上的。从容自信所赋予的光彩永远都不会因时间而改变。”

是的，自信的女人最有魅力。自信的女人可以尽情地享受生命的乐趣，又清醒地保持灵魂的明净。她深知阳光与黑夜的交替，身临困境心中依然有光明和希望决不气馁。她的心像一颗种子，历尽沧海桑田，洞彻世事烟云，依然会顽强地从沙土里开出鲜花。

一个女人的心里只要有了自信，那一刻她即使是一颗普通的石头也会变成一颗璀璨的宝石。自信的女人在为人处事上从容、大度，不陷入世俗的漩涡中。自信的女人聪明灵慧，善解人意，所以成功总会眷顾她们。当然，一个人的自信绝不是天生的，也不可能总是拥有自信，朴槿惠同样也不例外。

1973年，朴槿惠突然有了一次出国访问的旅程。夏威夷举办的《韩国移民七十周年庆祝典礼》发来了邀请。那次本来是邀请第一夫人陆英修女士参加的，但她却派朴槿惠代替她前往。

那次拜访夏威夷是以国家的名义，所以秘书们就担心朴槿惠年纪太小，经验不足，难以胜任。但她的母亲却对秘书们说：“你们可以放心地相信她，槿惠会做得比你们想得还要好。”

可事实上，那时朴槿惠非常紧张。

那次典礼，她代表的不是一个人，而是全国的国民，不容发生任何一点错误。因此，她做了充分的准备，阅读了典礼的相关资料，也研究了当地的风俗、经济能力等。由于，还是学生身份的她无法购买跟参加的典礼及宴会氛围搭配的服装，所以就从她母亲的衣服和饰品中选择了适当的来佩戴。当然，她母亲也是相当赞成她的意见，还让朴槿惠亲自选择了礼物。

出发的那一晚，本该是好好休息的，但是朴槿惠却紧张地躺在床上辗转反侧，最后因为睡不着爬起来看书。她母亲推门进来，当时已经快接近凌晨了。她的母亲这时才结束了满满一天的行程，一脸的疲惫。

“怎么还不睡呢？”

“我有点紧张。”

“不要紧张，我相信你一定能做得很好的。”

母亲的鼓励给了朴槿惠很大的力量。

1937年1月12日上午六点十分，朴槿惠到达了夏威夷机场，机场外有很多热烈欢迎她们到来的侨胞，夏威夷州政府的态度相当的认真。

在卡哈拉希尔顿饭店举办的答谢晚会上，场面非常热烈。她被邀请为夏威夷上议院开院式的主宾，这是她没有想过的待遇，也是个突然情况，所以她们必须积极地准备起来。

在电视直播现场，她读起了夏威夷上议院开院式的祝贺词，录影结束后，记者们蜂拥而上，向她问起了各种各样的问题，而她一一用英语回答了他们的问题，这让随行人员露出了安心的笑容。就这样，她完美地结束了这次旅程。

由此可见，虽然朴槿惠从小就是一个争强好胜、极富自信心的人，但是年轻的时候她也有不自信的时候。从上面的故事中，我们还可以发现，当一个人缺乏自信的时候，如果身边有一个自信心超强的人给你鼓励，那么你能迅速地建立起自信来。

可以说，朴槿惠的自信是从她的母亲那里获得的，最后，她开始变得自己能从自己的身上获得自信。这也是在告诉我们，如果我们身边有几位优秀的人，当我们缺乏自信的时候，即使他们不能给予我们任何支持，但是我们仍然能从他们身上吸取到力量，因为他们强大的内在就是我们获得力量的根源。

朴槿惠曾回忆道：“小时候我认为自己不够漂亮，经常偷偷的戴母亲的首饰在镜子前照啊照，羡慕母亲为什么可以那样美丽、优雅，充满魅力。后来我明白了母亲的美来自于她的言行举止，来自她的善良自信，来自她对生活的热爱，她始终在创造美，给我们的家庭，给我们的国家。母亲就是我的榜样，即使她不幸过世，韩国民众依然在怀念她的美丽，依然把她称作是‘韩国最美丽的女人’。”

由此可见，一个人要想自信还需要拥有一颗善良、热爱生活、能发现美、创造美的心。

如今的朴槿惠继承了母亲性格上的优点，即使她年过6旬，举手投足间的自信与优雅依然可以让万千韩国民众为之倾倒。韩国民众争相模仿朴槿惠所穿的衣服、所使用的产品、所读的书，这种模仿被称为“朴槿惠效应”。

谁都无法抗拒岁月的痕迹爬上脸颊，但却可以通过改善心态保持自信，保持年轻。成功的路上不是一帆风顺，将会遇到许多艰难坎坷。而我们最需要做的就是，无论在什么情况下都要保持自己的自信！拥有了自信，我们就拥有了战胜困难的力量。

## 为自己而活，无须在意别人对你的看法

2004年，朴槿惠建立了自己的社交网站。她放上了小时候的照片，记载了她的生活，甚至还有自拍的大头照，任人评论。她听取20多岁的学生的建议……但总会有些负面的东西出现，讨厌她的人会到她的主页发表恶意的评论，但她都一一接受，她希望她表现在公共面前的是一个自信、坚强、宽容且表里如一的形象。

在朴槿惠看来，只要自己没有错，别人对她发了一些不好的评论，仅仅是代表了别人的个人看法，无须因为别人对你的看法而影响到自己的生活。自信的女人都有自己的主见。自信源于对自己的客观认识，对自己信念的坚持。正是这种自信，让朴槿惠给自己选择了一条正确的道路——坚持从政，并毫不动摇地走了

下去。

一个人活在世界上，首先要实现自己的人生价值，而不是为了求得所有人的认同。大千世界，芸芸众生，总会有一些跟自己谈不来的人。既然不可能赢得每个人的心，那么就没有必要过于强求别人的看法。不管你如何努力，你都不可能让所有人都成为你的朋友，拥有敌人很正常，这不是没面子的事，我们完全没有必要花太多时间和精力去讨好他人。

人生在世，如果总是患得患失，过于注重别人的态度，将自己的得失建立在别人的言行上，这样的人活着是不是很累？因为别人的议论，甚至风言风语而放弃了自己的事业和追求，这样的人生又是不是很可悲？

记得一个朋友在自己的博客里写了这么一个故事：

像我这样的独行侠，没想到也会因为朋友的不理解和遭受别人异样的眼光打量而心烦郁闷。

有一天，我下班后，独自一人跑去一家餐厅吃饭。我一边大口吃着炸酱面一边惬意地喝着雪碧，正在这时一个朋友走进了餐厅。她和她的男朋友来吃饭，我本来是想装作没看见的，但对方眼尖看到了我，她惊奇地问："你怎么一个人在这里啊！不和朋友一起吗？"

我慌乱地回答道："我一个人来的。"

"啊，你一个人啊！怎么会？"她开始因为我没有朋友而流露出同情和关心。

我只好说："刚好路过这里，再加上自己有点饿，所以就来吃饭了。"

她建议道："你一个人吃饭也没什么意思，要不，你和我们坐在一起吧。"

可我实在不想当"电灯泡"，又怕她继续问长问短，于是只好回答："我喜欢一个人。"然后，她眼中带着些许的不理解和同情，和自己的男朋友找好位置坐下。本来我感觉胃口大开、心情良好，但是没有想到却因为他们的突然出现而开始感觉不自在起来。本来我还打算吃完面，再叫几个小菜和一瓶啤酒，在这里坐一会儿，但是因为害怕对方的同情的目光，只好赶紧吃完，打个招呼就离开了餐厅。一个人吃饭遇到熟人要有强大的自信心才对，看来我的内心不够强大。接下来，我要培养我的自信心。

在意别人的看法，是对自己缺乏自信心，这个朋友还有点自知之明。

其实，他完全没有必要为了迎合别人的看法，让自己狼狈不堪。别人想说什么，想做什么，你又何必在乎？对于某件事情，如果有人看不清事实，那纯粹是他个人的事情，与你无关。即使别人冷漠对你，也并不意味着你的价值不存在；别人看轻你，也不要紧，你只需要自己看重自己。

如果对方肆意侮辱，而那些侮辱的言辞又是毫无根据，那么你或机智幽默地反唇相讥，或置之不理，付之一笑，这都能显示出你的人格魅力。固然一个人可以从别人的见解中吸取意见，得到教诲，可以提高自己，改善自己，但并不是说你需要让所有人都对你满意。

面对同一个事物，一千个人可能有一千种不同的观点，别人的观点和喜好飘忽不定，很难把握，如果你偏要按他的看法来要求自己，那么你永远做不了自己。

相信很多人都听过“抬驴看灯”的故事，这个故事说的是一个老人和孙子进城看花灯。他们一老一少一毛驴，毛驴不能同时载着他们两个人。他们不知道怎么“骑毛驴”进城。开始是孙子骑着毛驴，老人在旁边跟着走，路人看到后纷纷议论起来：这个孩子，真不懂事，让这么大岁数的老人步行，真是不敬不孝。

两人听了以后，孙子下了驴，老人骑上驴。走了不远，又听见有人议论：这老头，自己骑着驴，让这么小的孩子跟着走，真不像话！到底谁该骑毛驴，谁该跟着走？最后两人一合计，干脆，谁都不骑了。这时又有人笑着说：有毛驴不骑，可怜可怜。

最后，无奈的一老一小只好抬着毛驴进城看花灯去了。

我们是不是会觉得这一老一小很可笑，但是事实上，这么可笑的一幕却经常发生在我们身上。过分在意外界对自己评价的人往往惧怕错误和失败，他们担心一些意外的失误会导致别人对自己产生否定的态度，因而变得谨小慎微，不敢尝试新的东西，做任何事都如履薄冰，从而也就失去了许多生活的乐趣，也未能充分享受人生。

我们不管怎么做都无法做到让任何人满意，但是我们可以做到让自己满意。只要自己知道自己选择的路是对的，就勇敢地向前走，不必太在意别人的议论和评论。相信自己，勇敢地向自己的目标迈进，当你取得成就的那一天，那些曾经恶意诽谤、批评你的人都会因此而觉得惭愧。韩信刻苦学习，一直没有受到重用，甚至遭受别人的“胯下之辱”。在寄居亭长家里时遭到嘲弄；他的母亲因为他“无能”而双目失明，乃至绊倒后因为无钱救治而耽误病情；他向老太太“乞讨”也遭到羞辱——但他并没有因为别人的看法而失去信心，他做到了坚韧地去面对流言，从而走向成功。记住：你是为自己而活，不要在意别人的见解。

## 有人情味的人更有魅力

人情味，源自于人性之中最温情的一面，是人与人之间真挚情感的自然流露，是一种给人以爱和关怀的奇妙感觉，是一种由内而外感染他人的个性魅力，是一股可以温暖人心的力量。女人是感性动物，所以，女性往往会比男性更有人情味。而朴槿惠就是一个很注重人情味的女人。

做韩国“第一女儿”时她就注意和同学保持良好的友谊，并不因为自己的身份而觉得高高在上；成为“第一夫人”的时候，朴槿惠继承了母亲的职责，热心公益事业，经常拜访底层贫苦大众，深受韩国民众的爱戴。

跟朴槿惠一起工作过的男人都这样称赞她：“她是一个懂人情味的女人，所以即使工作再重，我们也不会感觉到有多累。”

有一天，朴槿惠在从拜访净水职业训练院回来的路上，感觉这一天有点不同往常，天气特别阴沉，仿佛是要下起冬雨一样。回到青瓦台后，她马上打开了电视收看晚间新闻。当听到报道说今年的寒流将会提前来到以后，她知道今年将会有一个近年来最寒冷的冬天。她马上紧急呼叫正准备下班的秘书室里的职员。

“请先简单地和我聊一下好吗？听说今年冬天的寒流会提早报到，请问对于这次最寒冷的冬天是否有进行一些对策？要是各个地方有提一些对策方案的话，可不可以拿一份给我？”

“啊，是……到目前为止还没收到任何相关文件，明天我会马上发公文到全国各地，请他们提出针对寒流来临的对策方案并做出简报。”

为了将灾害降到最低，她知道必须要提前做足准备。但她也知道，青瓦台的公务员们也都非常辛苦，一天要处理的事情堆积如山，而她这个“第一夫人”总是不放过任何一件小事，员工们在工作上的压力肯定很大。

她能理解，面对她这样一个领导，员工们肯定有着复杂的情绪，为了安抚他们，她经常对下属们说类似这样的话：“我知道你们很忙，这段时间只好辛苦你们。我好像都是提一些为难的要求，过几天找个时间我们大家一起吃个饭好了。”

朴槿惠就是这么富有人情味，她所说的话，也绝对不是只是说说而已。

在参加竞选总统的时候，朴槿惠虽顶着“冰公主”这个头衔，却并未真正的像一个冰公主那样，拒人于千里之外，而是屈身给普通民众洗脚、装扮可爱、与民同乐，甚至大跳骑马舞，拉近与选民的距离，从而获得了超过半数的支持率。

做人，其实就是在做“人情”。生活在这个社会上，每个人都不能孤立地存在，每个人都必须要跟别人交往，要交往就难逃一个“情”字，这不仅是做人的需要，也是做事的需要。最能打动人的也是这个情字，一个人如果善于体谅别人，时常关怀别人，就能让别人感觉你是一个值得交往的人。

一个人拥有实力或者优势，但如果缺乏人情味，就很难让别人心服口服，别人也许从内心里会因为你的能力而佩服你，但在现实中往往却会把你孤立起来。

朴槿惠平易近人。

为什么别人会采取这样的方式对待你？因为在一个群体里，你强大的能力，很可能会对别人产生威胁。这种威胁不全是因为利益，有时也可能跟一个人的脸面有着密切联系。没有谁真正甘心充当绿叶，每个人都希望得到鲜花和掌声，人常常会因为他人的荣耀而嫉妒，继而排挤。

你若表示出足够的人情味，时常关心他人，得到了荣誉也和他人一起分享，那些没有得到荣誉的人就不仅不会感觉到你的威胁，相反还会因为你的存在而感到高兴。这就是人情味的力量。

在韩国政治界，朴槿惠不像别的政治家一样喜欢换助手。她称自己是那种一旦跟某个人结缘就很重视缘分的人。议员室的职员是她1998年通过补选当选为国会议员时录用的职员，如今的这些职员大部分都还在。

朴槿惠是一名坚强的女子，2007年8月，在大国家党总统候选人竞选失利后，朴槿惠看到几位助手痛哭流涕的样子，她不仅没有落泪，反而积极鼓励大家尽快从失利中走出来。朴槿惠是如此的坚强，可是在一位曾经协助她参加竞选的助手去世时，她却控制不住地掩面而泣。这也表现出她个人的人情味。

LG广告委员出身的许儒根，因“我爱你LG”“真露酒”等广告文案而获得了很高的知名度，深受朴槿惠的重用。2007年大国家党总统候选人竞选时，他负责朴槿惠的宣传工作，并且制作的宣传片给朴槿惠赢得了不少人气。

可是这位富有才华的许儒根在第二年就因身患重病不得不提前离开这个美丽的世界。朴槿惠很重视这名助手，早在朴槿惠得知许儒根得了重病的时候，就立刻与大国家党前任秘书长、议员刘正福一起前往医院看望他。

许儒根听到朴槿惠要来看望自己的消息，虽已生命垂危，但仍在家人的帮助下脱下病服换上西服，并在因受疾病折磨而憔悴不堪的脸上略微化了妆。看到朴槿惠，许儒根激动得说不出话来。

朴槿惠安慰他，叫他千万别说话，并鼓励他赶快好起来。朴槿惠说话的同时还紧握着许儒根的手。朴槿惠只想多给他一些面对生活的勇气。但是刚从病房里出来，朴槿惠就快步地走到走廊一侧，转过身子靠着墙，悲伤地哭了起来。

人情味是一种使人亲近、愿意接触的力量，源于人们之间的认同和尊重。具有人情味的人，会每天都保持自信乐观向上的心情去面对身边的每一个人，对每一个人都不觉得陌生。人情味加深人与人之间的感情，帮助人们提升自身魅力。

女人想要成功并不容易，当今社会中，想要追求事业上的成功的女性，由于害怕事业成功会成为“女强人”，害怕事业成功会失去情感，而最终选择了放弃对事业的追求。事实上，“女强人”并非就是不招人喜欢，而是那些事业成功的女强人失去了人情味，总是带着冷漠的面孔，拒人千里之外。而想要成功的女人只要拥有“人情味”，不要拒人千里之外，也会招人喜欢。在这方面，朴槿惠就是一个既成功又受人尊敬和爱戴的女人。

朴槿惠为什么那么富有人情味，这或许跟她的父母有很大的关系。

她记得有一次全家人出去旅行，父亲被飞虫咬了一口，当场伤口就整个肿了起来。原来那飞虫是有毒的。她的父亲马上就叫来了身边担任保镖的医务官，他让还没有受到飞虫叮咬的人也尽快喷上防虫药水。她的父亲就是如此细心照顾旁人的一个人。

人情味对于一个人在这个社会上生存非常重要。

那怎么才能让别人感觉到你有人情味呢？就是要时常关心别人，让别人觉得你重视他。朴槿惠会经常送给朋友们一些小礼物，用以表示对他们的关心。当然，她送的每一件礼物都很有含义，而几乎每一个收到她礼物的人都很开心。

一个有人情味的成功者不管走到哪里都会受别人的欢迎、赢得别人的尊敬和喜爱。“铁娘子”撒切尔就是个很好的例子。她在当英国首相时，还经常亲自下厨给丈夫做饭，亲自到街上买菜，碰到街坊朋友主动热情地打招呼。有人也许会认为，我们的地位不一样，我没有必要对那些人也表现出人情味，再说，我并不能从他们那里得到些什么。

表现人情味并不是要你学会在人前“装样子”“假温柔”，而是需要发自内心地去关注他人、理解他人。表现出“人情味”不仅不会让你有失身份，反而会给对方留下良好的印象。虽然你不能得到什么物质上的收获，但你会不断地提高你的人格魅力。“人情味”是一种与世界打交道的方法，它是人与人之间的情分。懂得人情味的女人，既可以如莲花一般，清丽脱俗、典雅出众，又可以如玫瑰一般绰约香溢、受人追捧，人情味让别人愿意接触你，认同你。

第五章

# 心正，所有的人都会支持你

权力的珍贵在于——

我们可以利用它为百姓做更多的事情。

但若没有用在国民身上，

而是用在个人利益上，

结果就会是丑陋的。

——朴槿惠

## 做一个值得信赖的人

曾经有记者问国会议员洪思德："朴槿惠为什么这么受欢迎？"

洪思德议员一听到这个问题就感觉到这似乎是在探讨"世界八大奇迹"一样，他的表情立刻变得严肃了。为了回答这个问题，他想了很久，最后得出了四个结论：可能是因为朴槿惠是一个不用闲言赘语就可以把复杂情况整理清晰的政治家；也可能是因为朴槿惠是一个言出必行的政治家；还可能是因为朴槿惠是一位饱含爱国热情并能高瞻远瞩的政治家；当然也可能因为她总能让人联想到朴正熙和陆英修夫妇。

我们从这些答案当中，不难发现它们都存在一个共同点，朴槿惠之所以获得韩国各阶层人士的好感的原因是因为她值得信赖。韩国人民能感觉到她坚定而可靠。

现在很多人都把自己的承诺当作旧鞋一样随意丢弃，有些人甚至连自己一个小时之前刚做的承诺都记不住。有些人在人前轻易做出承诺，一转身，就把承诺抛到九霄云外。朴槿惠绝不是这样的人，她有一个"笔记本公主"的称号——她在说话或发言时离不开笔记本。朴槿惠的笔记本清楚地记载着她许下的承诺。她在做重要演说或参加会议的时候，总是准备着笔记本，她把重要的事情记在上面。记上并不是结束，她还会对记录的内容加以反省、反馈。

在担任党代表的期间，我访问了155个以上的民生现场，其中包括人力市场、单亲家庭、寻找失踪儿童、残障设施、传统市场、农渔村、代案学校等。

我认为政治不应该和民众分开，只有到民众所在的地方，亲自用眼睛和耳朵去体会才能得知真正的问题所在，这也是政治人物最该做的事。所以，我一直到处走访倾听民众的心声。在做这些事情的时候，我都会带上我的小笔记本，我要把所听到的、看到的一切都要记录下来。特别是在现场答应要帮忙的内容，不论再怎么细小的事，也一一记在笔记本里，并经常追踪进展。也因此，很多人说我带了一本令人恐怖的笔记本。

我就是这么一位“笔记本公主”，可想而知，在我身边的助理与大国家党事务处的职员们也十分辛苦。

“答应西海岸花蟹渔民的事，现在进展得如何呢？那天我们不是答应要减轻育儿负担吗？”

翻开笔记本，一项一项追问的时候，在我身旁的党职人员们总会眉头紧锁。

我知道他们还有很多事情要做，但是再忙，也不能把答应别人的事情给忽视掉。为了遵守一项约定，必须提法案，若要反映到预算则需经过无数次的争论，需要承受极大的工作压力，如果没有多次的程序和赞同的意见，是无法达成的。为此，相关工作人员需要到处奔波，他们的辛劳我很了解，并心存感激。但我依然还是只能当个督促的坏上司，为了让笔记本里的约定彻底实现，这一切都是必须要做的。

朴槿惠说：“我必须要遵守曾经对国民许下的承诺，并且为了实现这个承诺竭尽全力。我绝对不能容忍那些为了自己的安危，而将与国民的承诺视为破鞋随意丢弃的人。这样的领导者只会让国民的生活变得凋敝，最终成为阻碍国家发展的绊脚石。”

朴槿惠认为，政治的生命不是能获得多大的权力，而是让国民能够相信并且追随于你。一个没有原则和信赖度的领导者会有人去追随他吗？一个不值得信赖的领导者，是不会有人追随的，人民也不可能会把治理国家的重大责任交给他。

朴槿惠一直把履行对国民的承诺，当作政治人最重要的价值，她坚守这个信念。政治人只有切实履行对国民的承诺，并将其运用到国政管理上，才能建立一个国泰民安的社会。朴槿惠多次指出，遵守原则和信用的国家才算是先进国家。

“我国要想成长为先进的国家，首先要遵守原则和约定，营造一个相互信用的社会氛围。与制定新的政策和制度相比，遵守国民承诺更为重要。”

朴槿惠说“不重视承诺，往往会带来大害”，这是政治人的大忌。她时刻以此来警醒自己。

朴槿惠在西江大学电子工程学系三年级的时候，因为遵守承诺而等待一个同学很长时间。在那时实验作业变多了，物理实验必须两个人配合才能顺利完成。她的伙伴是ROTC（预备长官学生军）报考生，那位同学跟她约好说等她报考教育训练后，晚上七点一起在实验室做功课。

她准时地到了实验室，等了半个小时，可那位同学都没有出现。她想，应该是遇到什么事情耽误了，便坐着继续等，很快半个小时又过去了、一个小时过去了，对方仍然没有出现。她想，对方应该有急事，决定再等一会儿。

那个时候不像现在有手机，对方没来，打个电话问下，就知道具体是怎么一回事。那时，连BB CALL也没有，除了等待，别无他法。幸好那位同学三个小时后终于出现了，当那个迟到的同学看到朴槿惠还留在实验室的时候，马上向她道歉，并解释说她一忙起来就把时间给忘记了，还问朴槿惠为什么还不回家。

朴槿惠回答：“因为是我们约好了的，所以不能毁约。”

2012年5月18日，朴槿惠在自己的Facebook上留言道：“今天是一年一度的父母节，我前往养老院看望在那里生活的老人家，老人们用口琴为我吹奏了《母亲的恩惠》这首曲子，让我十分感动，老人们也流出了感动的泪水。我希望你们永远健康、充满活力，我一定会履行对你们的承诺。”

人做对了，你的世界就是对的。有些人很容易就能获得周围人的接纳和尊重，因为他们重视承诺，他们说的话能让别人信服。他们如果有什么建议，也很容易得到别人的赞同，他们遇到什么困难，也容易得到别人的帮助。相反，有些人不管走到哪里，总是受到周围人的排挤，因为他们不重视承诺，当他们对某件事提出什么建议的时候，别人恐怕连听的兴趣都没有了。这样的人在别人的眼里无足轻重，他倘若有了困难，别人也不会愿意帮助他。

诚信是交往的基础。一个人要想在这个社会上立足，就需要让很多人接纳你、尊重你、支持你，你要成为一个值得别人信赖的人。有些人觉得，别人是否信赖自己是别人的事，我自己做不了主。其实不然。固然，世界上存在偏见、成见，但一个人在跟别人交往的时候，如能够做到一诺千金，言出必行，那么他身边的人一定会觉得他是一个值得信赖的人。

## 怀着一颗正直真实的心前行

朴槿惠为人正直、遵守承诺、值得信赖。她被国民称为“手册公主”“维新公主”“正直少女”“爱国主义化身”“韩国的对策”“冰公主”……国民们对朴槿惠有这么多的评价，是因为朴槿惠不像其他政治家一样，她是一个正直真实的人，而这样的人最能让人感觉到安全感。

“前方安全吗？”“我上当了，国民也受骗了？”“大田选举怎样了？”“请别越界！”“请不要利用别人的伤痛！”“真不是个好总统！”“这不是正道！”“我不要紧，别担心！”——从朴槿惠这些简短的话语中，你可以感受到她毫无保留的内心，她从来不刻意伪装自己。

韩国不少政治家，如金泳三、金大中、金钟泌等等，他们都拥有一流的战略思想、熟练的随机应变以及演说能力，他们也尽力地展现出自己最美丽的一面，但是并不像朴槿惠一样敢于表现真实的自己。

也许有人会说，让别人知道你最真实的一面，会对自己不利。正如现在有人说的那样，永远不要让别人知道你的底牌，让别人知道自己的底牌越多，越对自己不利。

特工出身的普京跟朴槿惠一样，是一个正直、真实的人。一贯以硬汉形象著称的普京在新奥加廖沃官邸观看了著名俄罗斯导演尼基塔·谢尔盖耶维奇·米哈尔科夫的新片《12怒汉》的时候，竟然被剧情打动得流了眼泪。

他从口袋里掏出手帕擦去了眼角的泪水，并且动情地说："尼基塔·谢尔盖耶维奇大师太会赚人眼泪了，这次他又成功了。"

真实是一个人正直的体现，流泪的普京向世人展现出了他的真实，他懂得欣赏电影作品，感情细腻，但他的"软弱"并没有让俄罗斯人感到不安，也没有遭受到其他国家人民的嘲笑，大家反而更觉得普京是个真诚的、平易近人的人。

2004年3月30日，朴槿惠首次登上了电视媒体。她发表演讲的时候流泪了。第二天，有一名选民问她："你为什么哭？"

朴槿惠回答说："我也不知道为何而感动，也没想到哭了这么长的时间，我也不知道眼泪怎么会流下来。"

"我在父母过世之后，经历了不少挫折，已经没有多少眼泪可以流。可是没想到在录像的时候，又一次哭了出来。"

令朴槿惠没有想到的是，后来，当她访问大邱的梅川农产品市场的时候，她看到在商人的纸箱上写着"不要哭，槿惠""看到槿惠，就想流泪"之类的标语。

真实并不会减少你的自身力量，反而会让人觉得你是一个真诚的人。三国时期刘备也是如此，他的哭并没有让他的属下和百姓抛离他，他的属下以及百姓都觉得他是一个有情有义的人！

2011年12月14日晚，朴槿惠应邀参加了首尔"六三"大厦举行的"支援麻风病人之夜”活动。在这次的现场聚集了不少的新闻媒体和记者，他们像往常一样，准备了很多刁钻的问题。但是，在朴槿惠与患麻风病的孩子们握手表示问候的时候，她不是面对着媒体的摄像机，而是背对着媒体的摄像机。摄像人员无法拍摄到朴槿惠的脸。

一位助手走到朴槿惠面前，小声地对她说：“朴代表，请您面对摄像机镜头。”朴槿惠反问道：“我们在慰问别人的时候，应该看对方的眼睛呢，还是应该看摄像机的镜头？”朴槿惠就是这么一个真诚的人，她在人们面前，永远只展示最真实的自己。

朴槿惠的语录里有这么一段话：“青年人之间流行着‘素颜’这个词，意思是‘没有经过化妆的自然面貌’。我听人说，我不化妆也可能会更好看，我认为‘素颜’就是表现出最真实的自己。‘素颜’，不仅仅表现在化妆打扮上，‘素颜’也可以表现出一个人在为人处事中，是否真实可靠。作为政治家，保持‘素颜’的工作作风，也是相当重要的。我们每一个人，都有职责去揭露当权者的真实面貌。而且大家流露出自己的本来面貌后并不会让你感到内心沉重。对我本人来说，敢于‘素颜’在国民面前，我要真正成为堂堂正正的领导人。如果在国民面前都能做到不隐藏、不害羞，那么可能就不会有这么多记者朋友们守在接待室，准备揭露你的表里不一的一面，那么跟记者们会见用的接待室可能就要关闭，还怎么会发生与媒体记者打架的事情呢？我会更努力地让大家看到我‘素颜’的一面。”

这就是朴槿惠，她拒绝做“给人看的政治”，她要做一个真正“漂亮的政治人”。

汝矣岛研究所所长朴世一说过：

“朴槿惠是个很特别的人。当她听到不合自己心意的话，她会当场就提出来，她没有政治人的浊气，她很清澈，但却又非常固执。”

朴槿惠是理工科出身，她的真诚可能是因为理工科的人都喜欢“直来直往”

的思考，他们不会过于在乎自己所说的话，也不会考虑自己说的话是否会得罪人。朴槿惠说话前不是没有思考过，但她并不急于在公众面前表现自己。这是因为她觉得解决事情才是最重要的。她有时候看来显得粗犷，不够精细。但是也正是这一点，让国民们和追随她的人感觉到她的真诚和真实。

国会前议员李贞铉说：“如果用词语来概括朴槿惠的政治理念就是真诚和真实，她一直相信真诚可以战胜一切。”

现在很多人说话，听起来无懈可击，但难免不是在给自己找借口，这种不留瑕疵的话语方式是为了让他们犯了错误的时候，能给自己留个台阶。但朴槿惠并不这样，她显得特别真实，就像她对李在五所说的：“我拒绝政治工学，是因为我不想在政治中钩心斗角。我有我的信仰和坚持，那就是表现真实的自己，为人们解决问题。”

人一生的追求是什么呢？我们可能会被眼前的事物所迷惑，我们可能无法设定正确的目标。但我们谁也无法避免死亡。我们应该以死亡来警示自己，让自己的人生不要虚度。

我们在死亡以前能够留下什么呢？

我们需要很有名吗？我觉得名誉并不是我们人生中最重要的东西。在我看来，我们的人生一定要没有任何污点。当我们与所有的事情挥手作别，丢下一切离开世界的时候，别人能记住我们的，也许只是一个名字而已。

朴槿惠所追求的目标是成为一个没有任何污点的人，而要想实现她的这个目标，就必须做到正直和真实。她一直在为这个目标努力着，但她并不留恋人气和名声。

正直、真实是高尚的品德，朴槿惠一直坚守着。但她身边的人却对她的这种作风有不少的顾虑。他们纷纷指责说：“假如带着这个原则涉足政治圈，那你在竞选大战里就不可能取得胜利。”尽管有这么多人希望她在有些时候，不要坚守真实，但她还是把真实作为自己的做人原则。

朴槿惠宣誓就任韩国总统。

听到“保守元老”金容甲议员宣布退出政坛的消息后，朴槿惠的内心错综复杂，仿佛失去了一个重要的朋友一般。金容甲议员给她留下了很多美好的印象。他说“从政只是个人心愿，政治生涯结束的时候，我希望听到评价说我是拥有好人品的政治人”。朴槿惠也希望自己拥有好的人品，像金议员一样。

朴槿惠默默坚守着自己的人生信条。2012年她参加了韩国的第18任总统的选举，在所有的候选人名单中，民众们总能说出这些候选人腐败的事情，但却很少有人从她身上找到污点。由此可见，她一直在为她那毕生的追求所努力着。

正直、真实的人是最能让人信赖的。或许，你会因为正直和真实失去一些东西，但你也会因为它们获得更多美好的东西。许多成功人士都能体现出这一点。

## 慎独是一种高度的自律

“慎独”是儒家的一个重要概念，慎独讲究个人的道德水平修养，儒家的最高境界就是看重个人品行的操守。“慎独”指即便在无人监督、个人独处时，也要坚守自己的道德信念，对自己的言行小心谨慎，不做出任何不道德的事来。

在《大学》里有这么一句话，意思是：那些没有道德修养的人，在闲居独处的时候，无论什么坏事都做得出来。当他们见到那些有道德修养的人，却又躲躲藏藏企图掩盖他们所做的坏事，而装出一副似乎做过好事的模样，设法显示自己的美德。每个人在自视反思的时候，好像看到自己的肺与肝一样，那么伪装还有什么用吗？这就叫作内心的真诚会直达外表，所以君子一定会真诚面对自己。

朴槿惠说：“喜欢用华丽的语言来粉饰自己的人经常是表里不一的人。虽说语言是内心的一种表达方式，但是我所经历的很多事情都说明了，许多人为了隐藏自己的内心而在表面上阿谀奉承。正如昨天的某一个人还在夸夸其谈说如何地关心你，当今天你真的有求于他的时候——即使对他来说是非常容易的一件事，他也会找各种理由来搪塞。”

朴槿惠提醒人们，要注意现实中的言行不一，同时也警示自己要慎独。从这点来看，朴槿惠是一名杰出的政治人物。她在二十几岁的时候就在韩国权力的核心地带——青瓦台，代理行使“第一夫人”的职务。那时的她已经切身体会到权力可怕的一面，她比谁都能体会到，权力能让人变得狠毒，让人变得目中无人。她认为，一个人权力越大，就越需要慎独。权力最高拥有者——总统，更要谨言慎行，他们可能自己不小心说的一句话，就改变了众多国民的生活。

一个人如果做不到慎独，就不会坚定信念，就会为了追随权力随意改变自己的主张。这样，人们彼此之间没有信义只有算计。因为一个不慎独的人很难做到遵守原则和信念，更无法用哲学来开拓。也是如此，优秀的政治家，简直是少之又少。

一旦尝到权力的滋味，这些人就会整天担心权力的失去，活得战战兢兢，他们不会选择艰难险峻的道路，他们急于找到捷径，让他们一直拥有权力。但他们并不会因为权力而为他人谋取利益。

权力的珍贵在于我们可以利用它为国民做更多的事情。倘若没有用在国民身上，而是用于个人利益，结果就会是不堪设想的。我经常在自己的日记本里记录下对权力的简短想法，有空便拿出来翻阅，以此来反省自己。

在我搬回新堂洞时才终于明白，住在青瓦台的那段时间，母亲为何要不停地叮嘱我们要谦虚、谨慎。因为母亲深知谦虚、谨慎才是处于青瓦台这个权力的核心地带时保护孩子的最基本的条件。母亲非常清楚权力的力量，所以她很节制，办事极为小心谨慎，生怕会因为权力而伤害到最亲近的人。

权利是刀。当权力越大时，这把刀也越锋利，轻轻一动就会伤及他人。因此，权力让人惧怕。但真正需要我们惧怕的并不是权力，而是手持那把权力之刀的人。若不是有着深度的哲学修养，或者上天的特殊庇护，任何人都无法正确地运用那强大的权力。倘若任意挥舞那把权力之刀，则之前因为其而累积的愤怒与仇恨，将会反过来令人窒息。

在朴槿惠看来，权力虽然让人恐惧，但真正应该恐惧的是那些掌握权力却不懂得慎独的人。她认为只有那些真正有哲学素养的人，或者上天保佑的人，才可以正确地运用权力。确实如她说的那样，权力是一把让人恐惧的刀，此刀看似无形，但此刀“无形胜有形”，如果乱用此刀，那么由此而积下的愤怒与仇恨则会反过来威胁到自己，甚至会将自己砍成碎片。尼克松、陈水扁，都是在第二任上任之初便埋下了“毁灭的种子”。

那么如何慎独呢？朴槿惠说：

要想正言行，必须首先要正心。

就像吃变质的食物会伤害肠胃、吃垃圾食品会危害健康一样，如果思维和想法不经过大脑思考约束就直接通过言行表现出来，那么就会损伤自己和别人。我认为所谓的“想法”是肉眼看不见的，它可以适度隐藏。而言行则是一面反射镜，它能正确反映我们内心的想法。

她认为人的思维和心态虽然在一定程度上可以掩饰，但是它们却可以通过你的言行表现出来，也就是说，如果你没有一颗正直的心，你所试图遮掩的东西，早晚会被人们所知。所以，一直以来，她都把成为一个没有污点的、干净清廉的人作为毕生的追求。

2007年2月，朴槿惠前往美国，准备参加哈佛大学甘乃迪学院的演讲。在到达美国机场后，当朴槿惠走过安检仪的时候，机器总是响个不停。安保人员于是将朴槿惠带到了屋内盘问。

随行的人纷纷抗议，表示朴槿惠是韩国有影响力的政治家和公众人物，这样的做法有损朴槿惠的形象。但是，朴槿惠始终配合，从始至终没有任何抱怨。她冷静地对随行说道：“这是规则，我们必须要尊重。”最后通过安保人员的细致检查发现，是朴槿惠的一个小发卡引起的机器报警。

这就是朴槿惠，她并不会因为别人的误会或者某种冒犯而发怒，她用自己的修养去折服每一个人。

记得李嘉诚说过这么一句话：“成为百万富翁不是一件难事，但是拥有成为百万富翁的人的修养却是很难。”为了拥有钱财或权力，很多人都在努力，有些人还采取一些不光明的手段，虽然他们当中确实有极少数人达到了目标，但是为达目的不择手段的人终会被所有的人抛弃，最终还会变得一无所得。如果你一直在为成为富翁而不断地努力，那么赢得别人的尊重，财富自然会来。

套用李嘉诚的那句话：成为总统其本身不是最重要的，最重要的是在还没有成为总统之前，拥有总统该有的品德和能力。一个既有高尚品德又有能力的人，需要长年累月地积累内在品质和外在修养，以人为镜不断修正自己。而这就是朴槿惠一直在做的事，就是她最伟大的地方。

## 始终抱有一颗感恩的心

感恩是什么？在社会学家看来，感恩是积极向上的思考方式和谦卑的态度，是自发性的行为。当一个人心存感恩时，便会将感恩化作一种充满爱意的行动，实践于生活中。一颗感恩的心，就是一颗和平的种子，因为感恩不是简单的报恩，它是一种责任，是一种阳光人生的精神境界。感恩是一种高尚的品行，是一种是否正直的内在体现，怀抱着一颗感恩的心去生活，会让生活变得更加美丽。

朴槿惠是一个始终怀抱着感恩之心生活的人，她经常帮助人们，也有很多人会选择送她一些礼物表示回馈。她感激这些送礼品的人，并不是因为礼品的贵重，而仅仅是因为礼品富含“人情味”。

比如天气热了，有人会给她送来西瓜。

比如情人节到了，有人会给她送来糖果。

比如，她身体不好的时候，有人会送给她一只自己家养的老母鸡。

有一天，秘书室的党职人员打电话过来对她说："朴代表，有位民众送来了三个西瓜给你。"

"你们绝对不能先吃。"

"嗯。"职员们回答着，但有一点不明白她的意思，因为朴槿惠绝不是一个如此小气的人。

朴槿惠一回到党舍，首先寻找西瓜。她要亲眼看到礼物，她认为这样做才算对送礼的人尊重，她用这种"特别"的方式表达谢意。"好了，请你们和我一起来享用。"秘书室的职员们刚开始对她的这种行为多少有些惊讶，但没过多久，他们便很欣赏她对待礼物的方式。

让朴槿惠记忆最深刻的礼物，是2006年5月31日地方选举时，她的脸部遭到割伤住院时收到的礼物：一位60多岁的男子，是个领日薪的临时工人，他送给她四小瓶牛奶；一个女大学生送给她一朵玫瑰花；一名男子送给她补身子的药；党员们送给她亲手折的两千只纸鹤；秘书室部长的六岁儿子写的"请您一定要多吃饭，才可以很快出院"的纸条，这张纸条歪斜的字旁还有小孩亲手画的奥特曼超人等。这些礼物，虽然都不怎么值钱，但是朴槿惠能感觉到送礼人的真诚，看着这些礼物，她感觉自己就是大韩民国最幸福的人。

拥有一颗感恩的心，能让我们的心灵变得更加美丽，也能让我们从生活中感受到更多的快乐。其实，一个人最大的不幸，不是得不到别人的关怀和帮助，而是得到了却漠然视之。世界上从来就没有谁应该帮助谁那么回事，不要认为，既然是自己的朋友，那么他们帮助自己是应该的。

别人帮助你，一般有两个原因：第一，是因为他们内心的善良；第二，你确实是一个值得帮助的人。对于第一个原因，相信很多人都能理解，那么第二个原因具体是什么意思呢，人家帮助你，虽然没有想过你会报答他，但他们需要你帮助的时候，仍然还是希望你能主动帮助他们。

互利互惠是人际交往的本质，谁想试图破坏，谁就会遭受到惩罚。要知道，别人不欠你，但从别人帮助和关心你的那一刻起，你已经欠下了别人的情分。也许你贫困，也许你落魄，也许你痛苦，也许你不幸，但这并不代表每个人都要理解你并对你施以同情。所以古训说：滴水之恩当涌泉相报。

朴槿惠很重视感恩，她每次出国访问时，都有一个必须遵守的原则，就是向曾经帮助过韩国的人表达她的感谢，特别是韩战中二十一个国家的勇士们。在朴槿惠看来，这些战士当时连韩国是在地图上的哪个位置都还不是很清楚，却为了维护自由民主主义而牺牲奉献。

2005年3月，朴槿惠当选大国家党党代表之后，踏上了外交访问之路。她到了美国。她不急着去见美国的总统，而是先去了韩战参战勇士纪念碑前献花。

华盛顿韩战参战勇士纪念碑设立在林肯纪念馆前的广场小角落里，在她抵达纪念碑时，她没有想到会有很多神秘嘉宾在等待他们。这些神秘嘉宾是住在华盛顿邻近郊区曾参加韩战的美国勇士。虽然参拜的时间只有短短十分钟，但这些人却愿意从车程长达一小时的郊区开车前来，这让朴槿惠很是感动。

朴槿惠看着这些已是发染白霜，却仍威风凛凛的老人，顿时热泪盈眶。

那天晚餐时间，朴槿惠请参加韩战的美国老人一起共用晚餐。战士们回忆起当年在韩国的记忆和年轻时在战场上的故事。一群人聊个不停，甚至忘记了时间。

还有一次，朴槿惠在一本书中无意得知，在哈佛大学教堂一侧的墙壁上，挂有一面纪念铜牌，上面刻着当时因参加韩战而死的哈佛毕业生的姓名。她马上前往美国，参加哈佛甘乃迪学院的演讲。

在这次的美国访问中，她向那些战死于韩战的哈佛学生们表示出了诚挚的敬意。

感恩是一种处世哲学，感恩是一种生活智慧，当一个人抱着感恩的心去生活，他的生活就会变得越来越美好。也正是为了感恩，朴槿惠才能在苦难中成长起来，获得生活的真谛，她才会选择复出政坛，去服务更多的韩国民众。

正是因为有了感恩，我们才相信人性的美好，我们才会感受到人与人之间的温暖；正是因为有了感恩，我们才把温暖相互传递，让这个世界变得越来越美好；正是因为有了感恩，我们才获得了更高层次的人生价值。

人与人交往，要心怀感恩，要懂得报答别人的滴水之恩，这也会让你感受到别人的喜欢和尊重。也许别人只是在你囊中羞涩时，帮你付了一元的车费；也许别人只是在你跌入人生的低谷时，轻轻地拍拍你疲惫的双肩给予你精神安慰；也许别人只是在你身处异地时为你送去一碗清水；也许别人只是在你迷茫时，无意中为你点拨迷津……但恩泽虽小，温暖恒在，你要心存感恩之心。

感恩之心是与生俱来的，是一个人的良知，也是成功人士必有的性格表现。感恩，会使我们在失败时看到希望，在不幸时得到慰藉。对生活时时怀一份感恩之心，则能使自己保持健康的心态和进取的信念。

感恩不是光要感谢某个特定的人，还可以感恩生命中的其他，感谢每天的太阳都是新的、感谢父母赐予的生命、感谢朋友的陪伴……一位心理学家对他的朋友说——当你每天醒来时，应该这样想："我真是个幸运的家伙！今天又能安然地起床，我拥有崭新的一天。我应该好好珍惜，我要将自己对生活的热情传予他人。我要常怀善心，积极地去帮助别人，让生命里的每一天都充满阳光。"

感恩需要用一生去履行。学会感恩，终生受益。感恩是一份美好感情，是一种健康心态，是一种良知，也是一种动力。我们只有懂得感恩，才能珍惜身边的一切，才能不断走向成熟，才能真正领悟到人生的价值。学会感恩，永怀感恩之心，常表感激之情，人生就会充实而快乐。

## 忠于职守的人终将得到奖赏

朴槿惠大学毕业那一年，她的母亲考虑要把她嫁出去。

她记得那是春光明媚的一天，她和母亲在院子里一起喝茶，母亲提起了结婚的话题。

“你的梦中情人是哪一类型的？”

“我还没有考虑过这个问题，目前还不知道该如何回答您。”

“那就好好想想吧。人生最幸福的事，莫过于找到一个好的伴侣相依为命。”

相信如果朴槿惠的母亲陆英修女士没有过世的话，朴槿惠也会和普通人一样，在一个平凡的家庭里做一名家庭主妇。她的母亲一直希望她不要承担太多的责任，能过上平凡的生活。

但那种生活对于朴槿惠来说，在她母亲去世的那一刻就不可能拥有了。她担任“第一夫人”的要职后，每天都忙得不可开交，根本没有时间去考虑恋爱和结婚。

在朴槿惠担任“第一夫人”的时候，她一直想尽全力代替母亲去照顾被社会遗忘的贫苦阶层。医院、孤儿院、收容所和养老院等地方都是她重点走访的场所。如果发生台风、干旱或者暴风雨等自然灾害，不管身处何处她都要以最快的速度到达。她认为，确认受害程度并制定适合的对策是她的责任。往往还在总统因为决策不到位而举棋不定的时候，她就已经在承担着自己的责任了。

朴槿惠就是这么忠于职守，她不敢对自己有任何懈怠。她在完成自己工作之外，尽可能地把精力放在辅助父亲的政事上。每当她的父亲进行国土视察或在产业现场时，她都会跟随在父亲身旁学习。对她来说，她的父亲是一位非常棒的老师，她从父亲那里学到了用金钱无法衡量的课程。

朴槿惠的上进，让她工作起来得心应手，让她对自己更加有信心。

在得知父亲遇害后，她所说的第一句话是：前方还有没有任何异常？

她父亲不幸过世后，她每天要对全国各地来参加吊唁的人们迎来送往，此时的她不只是朴正熙的女儿，更是代为母职的“第一夫人”。她要保持端庄，不能带有悲伤，她与自己内心的痛苦作战。当送走吊唁客人后，她要面对的是漆黑漫漫的长夜。在父母双亡后，每个夜里她都被内心的痛苦和夜晚的寒意所折磨。那段时间，她经常彻夜哭泣。胸口就像插了一把刀，疼痛地无法入眠。

尽管这样，天亮以后，她又不得不再去殡仪馆迎接四面八方来吊唁的客人。作为一个失去父亲的女儿，她顾不得自己的伤悲，而是全力去抚慰国民失去总统的悲哀，只因为她是“第一夫人”。这就是她的职责。

因为朴槿惠是“第一夫人”，所以她只能擦干眼泪，把伤痛藏在心中，让国民们看到她最坚强的一面；因为她是“第一夫人”，她只能忙于工作，而耽误自己的最佳婚期。其实，父亲的去世，即使朴槿惠表现出悲伤，国民们也不会责备她。但朴槿惠就是如此忠于职守，让国民看到她强大的一面，让国民从她的身上感觉到力量，以至于在多年以后，国民也愿意把国家交给这么一位强大的女人来管理。

2005年1月17日，为了解煤矿的实际状况，并且与尘肺病患者见面，作为国会议员的朴槿惠前往煤矿集中的江原道进行走访。

由于煤矿属于高危作业，经常会发生安全事故，许多议员在走访时往往只停留在矿区，很少有人会下到井下了解矿工们真实的工作状态。朴槿惠忠于职守，想亲自下矿井查看煤矿工人的工作环境，亲自体验煤矿工人的工作。

她说：“想了解煤矿地区的实际情况，如果只是到煤矿的入口，又如何能够了解矿工们的真正工作环境呢？又如何知道尘肺症病患们的病苦呢？”

她的秘书问她说：“是否需要叫记者？”

她拒绝了，并请秘书室再度传达了她想亲自下矿井查看煤矿工人的工作环境的想法。最终朴槿惠装备上了矿工用的安全帽、探灯、裤子、长靴等深入到地底下三千三百公尺深的采矿场。

采矿场里面粉尘很多，才进去不到十分钟，她的整个脸就都变黑了，旁人只看得到她的眼睛。由于地热的关系，她汗流浃背。

矿工们都无法相信，一个曾经的“公主”，如今的国会议员会冒着如此大的风险来到他们面前。

她固执地在坑道里待了近2个小时。她一想到那些每天在这里工作的矿工，就不断地告诉自己，要忍住在坑道里的难受感觉。通过这次实地考察，她最终明白了矿工们容易得尘肺病的原因。

有矿工说：“您干吗要进去呢？一定很不舒服吧，您只要在外面听报告就好了呀。”

她真诚地回答：“我都已经来到采矿厂了，不进去怎么可以算是来过呢？我要了解各位工作的环境有多么辛苦，才能知道要如何帮助各位。”

正如那些矿工所说的，朴槿惠只需要在外面听报告就可以了。但朴槿惠觉得这样还不够，她坚决要下到煤井里去。朴槿惠不管是做“第一夫人”还是国会议员或者大国家党代表，都是如此忠诚、敬业。

对我们来说，不管做什么工作，有多大的理想，首先要把手上的工作做好。即使你是一个普通人，你对工作尽职敬业，也会走向不平凡的道路。要知道，工作不是做给老板看的，无论老板在与不在，你都要忠于职守、全力以赴。

过于计较自己的付出和自己得到的回报是否等值的人是很难获得升迁的机会的。如果当时朴槿惠只是像许多议员一样只在矿区进行访问，没有下到井中了解情况，也就肯定无法制定一个有效的措施来解决问题。很多时候，不需要别人吩咐而需要你肯于尽责。当你不再计较是否会有收获，而只争取把工作干得最好时，那么你的前途将是无可限量的。

## 踏实做好每一天

如果有人问朴槿惠怎样取得成功，那她可能只会用“踏实”两个字来回答你。她说：“一条小溪要形成大川江湖，最初是水开辟了水路，然后水顺着水路而下。山路也是一样，最初是人开创的，但后来人们就一直顺着这条路走下去。”

在朴槿惠看来，水要一点一点汇聚起来才能形成江河，人要踏实地走好人生的每一步才可能取得非凡的成就。朴槿惠从小就熟读《三国志》，那么我们就用《三国志》里的“定军山之战”来说明。

建安十九年（214年），刘备打败刘璋、攻克成都后不久，曹操乘机夺得了汉中。刘备若不把汉中夺过来，就会在军事形势中处于不利地位，于是就有了汉中争夺战，两军相持了一年多。

建安二十二年（217年），刘备又率大军进攻汉中，这次刘备直接进攻的是夏侯渊的部下张郃。但他的最终攻击目标是夏侯渊。

在这次战争中刘备任用了一员老将，在战争伊始，夏侯渊却不看好这名老将，但没几回合，夏侯渊便被老将斩杀落马。这名老将便是黄忠。

夏侯渊是曹操手下十大猛将之一，但是由于过分“轻敌”被老将黄忠斩杀。他如果踏实一些，不轻狂浮躁，瞧不起别人，即便他被刘备大军重重包围，也有很大机会带兵杀出重围，而绝对不可能沦落到被七十多岁的黄忠老将军斩杀的地步。

不踏实，浮浮躁躁，就要遭受到生活的惩罚，朴槿惠很懂得这个道理。她不管做什么事情，都要求自己冷静一会儿。她说：

人被赋予的义务就是正确处理日常生活中需要做的事情。

朴槿惠认为日常生活中的事情，虽然很小，但却最能体现出价值。“千里之行，始于足下。”你要想完成千里之行，就只有一步一步扎实地走下去。

我们生活中的点点滴滴，聚集起来能够左右成败。那些取得成功的人，都是非常踏实的人。他们每天都非常努力地工作。他们知道，脚踏实地的生活才不是愚弄自己。

李新毕业于某重点大学，毕业后，在某广告公司找到一份工作。后来的某次机会中，他向老板推荐自己。由于他对老板做出很多承诺，而那时的公司也还没有发现其他人才，他于是就平步青云，在毕业仅半年后就做了一个小领导。可是做为小领导的他由于经验欠缺总是不能让客户满意，最后他又被解了职。

并不是每一个人都能把握住机会，如果你没有解决问题的本领，即便找到了机会也会让机会流失，李新在发现机遇的时候，毛遂自荐，勇气可嘉，但他并没有想过自己是否可以胜任新的岗位。他过于浮躁，没有积累足够的工作经验，所以他并没有在机会中获得成功。

现实生活中，急功近利的人太多了。看到别人二十几岁就创业成功了，就开始羡慕，学着他们那样准备创业，但也不看看成功创业的人有哪些本事，自己就四处筹钱，结果肯定赔得精光。歌德有一句话："不要急躁，也不要停下。"就是说要脚踏实地走好人生的每一步，才能取得成功。杰佛里·吉特默是世界销售大王，他说："要想做好销售，没有什么技巧，只有从电话语音信息开始做到与众不同。"

不管我们做什么，要想做得好，就必须脚踏实地地做。如果我们能够坚持，真正地静下心来，认真地去学习、工作，成功也不会离我们太远。

第六章

# 梦想，催动我们去奋斗

东南亚的一些国家都已经出现了女总理、女总统，韩国为什么不行？

——朴槿惠

# 努力融入你的角色

朴槿惠在22岁那年被赋予一项新的使命，她代替母亲，行使“第一夫人”的职责。

在她的母亲陆英修女士丧礼结束后的第六天，她强忍住泪水，开始她的“第一夫人”生涯。因为她已经不再仅仅只是朴槿惠，还是韩国的“第一夫人”，她必须让国民看到她的坚强，让国民信赖她。

母亲的离去，大大地改变了她的人生轨迹。她不得不放弃在讲台上教书的梦想，她承接了母亲生前的工作，每天早晨开始就要解决数百件民怨事件，还要一一确认负责部门是否对这些事件进行了处理。她要在底层群众中找到帮助他们的办法，她要开展各项公益活动。每天要做的事情都多得数也数不清，她总觉得时间过得太快，她希望时间能够走得慢一些。

可是时间不会为了谁而慢下来，为了多处理一些事情，她不得不把每天的睡觉时间减少到五个小时：她晚上十二点睡觉，早晨五点起床。如果有外宾来访的话，她不得不把五个小时的睡眠时间也舍弃掉。劳累的工作影响到了她的身体健康。

朴槿惠是如何在失去母亲后，从一个毫无从政经验的学生迅速变成一个富有政治素养的“第一夫人”呢？除了勤奋努力之外，还因为她迅速融入了新的角色中。要做到能迅速融入一个新的角色，需要有一个明确的定位。

没有一个明确的定位，一个人即使再勤奋努力也很难找到自己的生存方式。朴槿惠有一个明确的定位，就是代替母亲，充当“第一夫人”，她比谁都清楚，责任越大，就越需要更大的能力与之配合。

她曾经回忆说：“我真的是很认真地去做了。”她竭力扮演好这一角色，还从中学到了很多政治经验。也是这个时候，她才知道原来从事政治是这么的艰辛。

她在1974年11月21日的日记中有很好的记载：

又是忙碌的一天。我需要做好迎接福特总统的准备，需要整理要发给杂志社的稿件……我不禁在想，母亲进入青瓦台的这十几年是怎么熬过来的呢？

命运就是那么变幻莫测，命运让一个梦想成为一名学者的女孩不得不坐上了“第一夫人”的位置。中国有句古话说“身在其位，必谋其政”，有时候当命运把你推向某一个位置时，必然有它代表的意义。你所要做的仅仅只是快速融入。

在这个社会上，任何人都应该迅速融入自己当下要扮演的角色，不然的话，将会虚度光阴，一事无成。

“母亲是我最好的教科书，她极度讨厌坐在桌前工作，哪怕她再累，也要亲自去现场处理民怨，亲临现场对她来说是最重要的课题。”

有一次她和母亲一起去拜访麻风病患村时，她温柔的母亲牵起了麻风病人的手。这些患病的人的手因为麻风病而溃烂，随行人员看到她母亲这样的行为立刻阻止了她。

“夫人，拜托您不要这样握手。您会被传染的。”

她母亲微笑地说：“没关系，麻风病是不会传染的。你看她在患病中依旧可以笑得这么灿烂，不觉得她的笑容很甜美吗？我只看到她的美。”

拜访过麻风病患村之后，她的母亲千方百计地寻找帮助他们的方法，最后为全国三十七个麻风病患村，配送了四百七十只家禽猪，并为他们准备了一套自立的方法。

朴槿惠接任“第一夫人”后，沿袭了她母亲的风格。她每次与外宾会谈之前，总是会花很长的时间来研究对方的资料，包括个性、喜好、对韩国的态度等等。这样在会谈的时候，她便能够投其所好，让会谈过程变得很轻松。她原本想成为一名学者，如此繁重的政治事务对她来说充满了极大的压力。但她知道自己的使命，所以从不推脱、逃避。为了成为一名优秀的“第一夫人”，她总是努力、积极地承担着一切。

朴槿惠的父亲对朴槿惠也非常满意，她的父亲时常露出满意的表情说道：“托你的福，事情轻松解决了。”朴槿惠就是这样迅速地成为一名优秀的“第一夫人”的。对于我们来说，把自己融入这个公司，就能很好地完成工作；把自己融入这个社会，就能在这个社会里很好地生存；把自己融入这个世界，就能很好地生活。要想有一番作为，你也必须迅速地融入你当下所担任的角色之中。

## 梦想，传递正能量

人人都可以有对未来的梦想，我的梦想就是创造一个可以让每个人尽情发挥创造力、施展才华的国家。

小时候隔壁家在烤鱼的话，那阵香气会穿过墙壁传到我家里，而每次那个香味都会让我觉得肚子饿。虽然隔壁家的家境不是非常富裕，但至少一个月会烤一两次咸鱼来吃。每当他们烤咸鱼的时候我的口水就不断往下流，我会觉得很心酸，我知道家里的环境不是很好，所以也不敢开口向父母亲要鱼肉饭菜。

这样的事一直影响我的幼年。当时那个年代，村子里除了一两家以外，大多都是贫困的家庭，这让我思考许多关于贫穷的事情。

“我们为什么贫穷？”这问题我思考了很多天，最终明白家人的贫困就等于是民族的贫困。当时是日据时代，国家被占领的耻辱难以言语。从那时起我就开始梦想某天我们也可以抬头挺胸过日子，在那么艰苦的生活环境下拼命苦读，也是为了能够实现一个梦想。

朴槿惠的梦想是远大的，我们不得不佩服。每个成功人士在成功前都有自己伟大的梦想。曾经有人问奥巴马你的梦想是什么，奥巴马说：“我要当总统。”（这个梦想他好像只告诉米歇尔了。）

看到朴槿惠和奥巴马的梦想，我们会不会想起自己曾经的远大的梦想。当我们遇到困难了，又是否会因为曾经远大的梦想而觉得可笑？

“你一个月工资收入才3000块钱，你就想在北京买房？这是我在这个世界上听过的最好笑的笑话。”“你现在连自己都养不活，还想着创业，你别做春秋大梦了。”……这些带有负能量的话，我们是不是经常能听见？

拥有远大的梦想并不可笑，可笑的是没有梦想。如果我们问身边的一些年轻人，问他们是否有梦想，也许他们会说有。但是，如果你继续问他们，他们的梦想是什么呢，他们却只能摇摇头。他们活得很迷茫，甚至每天都不知道该做什么。

他们需要的就是一个梦想，一个明确的梦想，一个远大的梦想。

梦想的力量是无穷大的，就好像电影《舞后》里那样，它将严正花这样一个裹足于琐碎生活的妇女解放出来，让毫无政治野心的男主角黄政民心潮澎湃，梦想像触而不及的海市蜃楼，却又能使迷路的羔羊寻回正途。

也许有人会说，我们不能和牛顿比，他发明了牛顿定律。我们也不能和莱特兄弟比，他们已经是世界飞行之父。我们更不能和朴槿惠、奥巴马这些人比，因为他们离我们太遥远。但生活是我们自己的，我们不能只做别人的羡慕者，而不愿付出自己的努力。

有一次，青年偶像王力宏在电视节目中分享了他的人生感悟和人生哲学。

他说："人首先要有梦想。我九岁的时候有个梦想，我告诉自己，如果有一天我自己的歌能在收音机上播，那我的人生就是完美的，我就可以开心一辈子。后来当我第一次坐在计程车上听到收音机里传来自己的声音时，那种兴奋无法形容。如果当年我没有这样的一个梦想，那么当梦想实现时就不会那么刻骨铭心。"

王力宏还说，现在我们所看到的一切其实都是源于某一个人的梦想，只要你有梦想，你就能拥有不平凡的一生。

没有人能够改变一个人的梦想，也没有人能阻止一个人的梦想，除非这个人自己放弃。不论外部的环境怎样，有没有实现这个梦想的平台，梦想最终没有实现的主要原因都是自己把自己的梦想抛弃掉了。半途而废是由于自己对自己在实现梦想过程中所遭遇的困难产生了厌倦，是由于自己没有坚定信念，没有能够为了目标坚持努力。

有人也许会说，我也有梦想啊！我的梦想就是能够买彩票中个百万千万的。其实，你这种追求不是梦想，只能是梦。中奖是一个充满随机性的东西，这东西不是能够通过个人的意愿所能改变的，而梦想是可以通过自己的努力和坚持实现的。

现在很多人缺乏梦想，尤其是远大的梦想。如果一个人不为自己设定一个梦想，那么这个人恐怕这辈子注定平庸。得过且过，不如重拾自己的梦想，为梦想拼搏。比尔·盖茨是一个很有梦想的人，朴槿惠对他很是欣赏，并曾在自己的著作中写道：

微软公司的开山人物、全球计算机行业的天才比尔·盖茨自年幼起便酷爱读书和钻研，对软件和计算机编程等表现出了极大的关心和兴趣。当他某一天看到报纸上有关计算机已经进入普通家庭生活，全球进入了计算机时代的报道，就毅然决定中途退学，开创微软公司。我们从他身上看到了他的先见之明和工作热情。

福能集团总裁刘佳勇说："户口、房子、车子不应是年轻人追求的唯一目标，年轻人真正的理想应该在远方，在大千世界。”刘佳勇是一个平凡得连中考都落榜的人，在他二十几岁的时候，仅仅只会几句德语，就独自离开中国，前往德国打拼。他用他的人生经历向我们证明当一个人有远大的梦想，并付出超常的努力时，就会取得成功。

还记得郭德纲主持的《我是传奇》里有一个叫黎体文的山村老师吗？他给大家带来意大利著名作曲家贾科莫·普契尼根据童话剧改编的歌剧《今夜无人入睡》，震撼全场。著名音乐人高晓松在听完这个歌剧后，只能用“好”“我很感动”等言语来形容。这说明黎体文老师的表演很成功。黎体文在谈起他的早年经历时，说在他喜欢演唱意大利歌剧的时候，家里人都不理解，为什么就不能唱唱流行歌曲呢？你唱的意大利歌剧我们听不懂，声音又大。为了不影响邻里生活，黎体文只好每天躲在屋后只有一个小窗户的柴房里练习唱功。苦练八年后，终于一曲成名。

有时候，梦想就是我们生活的希望，梦想越大，我们越能从中得到力量。意大利文艺复兴时期著名绘画家、雕塑家米开朗基罗认为，不树立远大的梦想是人生的一种失误。他指出：“对人来讲，最危险的事情就是没有远大的梦想，而只是满足于那种轻而易举就能实现的梦想而停滞不前。”梦想如果太容易实现，我们就容易得到满足，并停滞不前。这种很平常的梦想无法唤起我们内心的激情和能量，也无法刺激我们去挑战全新的自我。如此一来，我们就会过着平淡无味的日子，人生也会变得暗淡乏味。

那些取得巨大成功的人是拥有远大梦想的人，他们对太过于平常的目标不屑一顾。他们喜欢挑战，因为挑战能让他们更接近目标。他们会因为梦想最终超越了自己的能力，开创了自己非凡的人生。因此，我们应该树立起远大梦想，让梦想带领着我们走向不平凡。

## 热情，是实现梦想的动力

很多人可能觉得政治是一件很无趣的事情，但是朴槿惠却对它投入了极大的热情。朴槿惠认为，一个人对自己所做的事情，投入百分百的热情才不会伪装自己，才能获得成就。经历过去种种苦难后，她是真正能享受生活的人。她认为，只要自己投入，就会变得幸福，并从中获得满足和愉悦感。

为什么她会有这样的想法呢？因为她认为从事政治就是她的命运。“现在我的最大的义务是让父亲不再孤单。为此，我决定牺牲自己洒脱的生活，放弃个人的小梦想。我是公众人物，必须走出去，这是我的命运。既然无法选择，我唯有积极面对。”

她觉得命运不是她一个人的，也就是说，不管她的生命里发生多么让她绝望的事情，她都必须让自己积极面对。这是朴槿惠为什么这么强大的原因所在。在她看来，自己的责任和使命，就是尽自己最大的努力，投入最多的热情做好政治工作，给国民带来幸福。

朴槿惠很欣赏美国一个叫作詹姆斯的推销员，因为詹姆斯靠着热情敲开了无数经销商的大门，并与这些经销商成了朋友。那么他是怎么做到这一切的呢？

有一天，他路过一家百货公司，进门后，他就跟店员们打起招呼来，然后与他们攀谈起来。通过闲聊与观察，他了解到这是一家经营不错的百货公司，于是他想将自己的产品推销给他们。但当他找到经理，向经理说明他的来意后，却遭到了经理的拒绝。经理还直言不讳地说：“如果进了你们的货，我们一定会有亏损的。”

詹姆斯没有放弃，他用了各种方法试图说服经理，但是都无济于事，最后只好非常沮丧地离开了。当他驾着车在大街上转了几圈后，他仍然很不甘心，决定再去一次。令他没想到的是，当他来到百货公司门口的时候，之前那个对他极不欢迎的经理，却微笑着走上前来，没等他反应过来，经理就决定订购他的一批产品。

这让詹姆斯感觉有些莫名其妙，在他的追问下，商场经理道出了缘由。他告诉詹姆斯，一般的推销员到这里来很少与营业员聊天，而詹姆斯首先与营业员聊天，对这里有了一个大致的了解；同时，他被拒绝后却又重新回到这里来，是他的热情打动了经理。

记得有个朋友说过这么一句话，如果你对生活充满了激情，生活就会给你带来惊喜。工作中要想脱颖而出，就必须时刻保持足够的热情。热情能让我们克服工作中的种种难题，创造出突飞猛进的工作业绩，使我们在激烈的竞争中脱颖而出。

朴槿惠的热情来源于为了让国民们幸福和快乐。

看到一些成功人士的故事，我们有时真的无法想象，他们是如何在困境中依旧充满热情的：阿基米德在敌人的长矛下还能镇静自若地大声斥责“等一等，别踩了我的画图”；富兰克林在电闪雷鸣的长空下，依然努力进行着电的实验；著名数学家华罗庚最大的愿望就是“工作到最后一天”。这是什么力量？是他们异常热爱和痴迷的处事态度所产生出来的。

现在很多人觉得活着没意思，很难做好自己的本职工作，就是因为他们对工作失去了热情。这时，我们需要好好地问自己，你还记得自己的梦想吗？你的热情哪里去了？

人活着不能没有热情，没有热情地活着，人与石头又有什么区别呢？很多人也许有这样的感受：在顺境面前保持热情是一件轻而易举的事情；而当我们面对困境，在感到沮丧、忧虑或恐惧的时候，就很难一如既往地保持热情的心态。要想长久地保持激情，需要我们养成良好的生活习惯：

（1）对生活保持微笑。一项生物研究显示：微笑能够引起体内微妙的化学

朴槿惠热情地向民众挥手。

变化，松弛紧绷的面部肌肉，会让我们拥有愉悦的心情，会让我们轻松面对任何事情。朴槿惠不管任何时候，她带给别人的印象都是面带微笑的。

（2）保持良好的体态。俗话说“站有站相，坐有坐相”，无论是站还是坐，我们都应该挺胸收腹，用这样的体态来显示自己的信心。那些成功人士，不管是在家里还是在外面，都一直注意自己的体态，因为卓越源自优雅。

（3）以最积极的心态面对问题。做任何事情之前，都先告诉自己一定可以做到，成功与否只是时间问题，这样就可以将热情投入到工作中去。把每件事都看作是通往成功的必经之路，而不是单单敷衍一下就可以了事。

（4）学会给自己解压。工作当中，不可能每件事情都是我们喜欢做的，很多情况下，事情往往枯燥乏味、格外辛苦。这个时候，我们就需要给自己解压。

关于解压，朴槿惠传记里有这么一个故事：

进入西江大学后，朴槿惠对自己的课业投入了百分百的热情。所以她的大学生活没有什么自由的空间。她总是认为要是犯了什么错误，就会让父母脸上无光，所以一直保持着紧张的状态。可长时间保持这样的状态，她又觉得相当的乏味。

于是，她决定做一件比较“出格”的事情来缓解压力。有一天，她到了学校以后，假装上课，然后像个坏学生一样从学校的后门溜了出去，之后上了前往明洞的公车。她坐在车上，感受着和煦的春风吹在她的脸上，看着天空中飘着棉花糖般蓬松的云朵，她觉得这一切是那么的惬意。

下了公车之后，她随意走在明洞的各个角落，脚步轻盈得就像身上有了一双翅膀一样。在路上，她被中央剧场前的电影海报吸引住了，便毫不犹豫地买票进场。由于上午没有什么人，来看这场电影的包括她在内只有仅仅三个人。她尽情地观赏了电影。

看完电影后，朴槿惠走在明洞街上尽情享受着春日的悠闲气氛。从路人轻薄的衣裳中，她可以感受到春天的气息。她在一家服装店的橱窗里看到一件自己喜欢的衣服，便停了下来，有店员过来问她："您好眼熟，是不是上过电影呢？"她就这样享受着逃课的时光。

当她第二天返回学校时，她已经不是那个充满压力无处释放的朴槿惠了，虽然她的举动有些"出格"，但并没影响到她的学习。

像朴槿惠这样对学习如此热情的人，也有感觉到压力和疲劳的时候，所以，当我们感觉到压力过大的时候，要给自己解压。我们可以去看一场电影，也可以开始一场短暂的旅行，甚至可以在没人的马路上大声地唱一首歌。你一定会找到适用你的解压之道。

（5）把每一次要完成的事情都记录下来。当你下决心用全部的热情去完成某项工作时，不妨把这其中的经过记下来。记载的内容可以包括某个你要完成的事情的描述，你遇到了哪些困难，也可以包括你自己又是如何解决的等等。把你最初的梦想和要达成的目标也记下来，这是相当重要的。在你疲倦的时候，重温一遍，相信你会重拾热情。

热爱工作的人，无论做的事情多么困难，始终都会带着一种从容镇定的态度去完成。抱着这种态度的人，也一定会实现自己的梦想。

## 用"第三只眼睛"看世界

第三只眼又称阴阳眼，它教会你如何将目光放远大。

朴槿惠能有今天的成就，所靠的就是坚持高瞻远瞩，即使在她人生最低谷的时候，都没有放弃自己的梦想。她认为人可以过着平凡的生活，但为了国家的繁荣和国民的幸福却不能过着平庸的生活。这就是朴槿惠，即使她淡出了公众的视线，过着近乎隐居的生活，她也每天仍坚持看报纸和电视，关心着整个国家。

当90年代末，韩国人民需要一个领导人带领他们走出困境的时候，朴槿惠出现了，她为了完成父亲的梦想，决定走政治这条路。她在写书唱歌的时候，依然没有忘记自己需要担负的责任。

一个人的成就有多大，关键在于，他看得有多远。朴槿惠之所以能看得远，这跟她的母亲陆英修的淳淳教导有很大的关系。

有一天，她的母亲认真地对她说："槿惠啊，现在的时代跟以前不一样了。女人的舞台已经不再是家庭和厨房了。你应该投入更多时间来拓宽自己的视野、发散自己的思维，并付诸努力。从现在开始，你应该做好登上世界舞台的准备。"

朴槿惠一直不忘母亲的教导，她觉得女性更应该踏上世界舞台，这是一种国际化的需要。母亲的这种教导，让她比任何人都具有强烈的国际眼光和意识。

1999年，还是一个英语老师的马云，在偶然去了一次美国以后，从互联网中看到了商机，他当机立断与自己的18个同学和朋友在自己的公寓里一同创立了阿里巴巴公司，虽然在当时，他并不懂电脑。

当时马云提出的口号是：一，为1000万企业生存；二，为全世界1亿人创造就业机会；三，为10亿人提供网上消费平台。

当时业内人士听到马云的这个想法都笑了，那时候没人听过在网上做生意，"十几个人的公司给1000万企业提供生存机会，为1亿人创造就业机会"，这也让人觉得是天方夜谭。

然而不懂电脑的马云看到的却是未来数年内，随着互联网的快速普及，电脑将走进每一个家庭，而电脑所带来的科技化则会改变人们的生活习惯。阿里巴巴要做的，就是培养出网民在网上消费的习惯，从而改变人们的生活模式。

事实证明马云的判断并没有错，如今仅中国的网民人数就已经突破6亿，而网购带来的便利性使网购也已经成为人们购物的主流方式。2012年度仅阿里巴巴旗下的淘宝网交易额就已经超过1万亿。

如果当初马云想的只是通过创业，做一个不错的网站，然后卖掉，那怎么能有今天的阿里巴巴？可是当时确实许多人选择的是做出一个网站，然后迅速变成现金，因为他们目光短浅，所以没有获得成功。

大企业都喜欢把总部设立在北京、上海、广州这些一线城市，为什么呢？

主要原因就是一线城市，交通便利，人才济济，公共服务完善，经济氛围浓厚，有利于公司的综合发展。试想一下，如果你要找一家公司谈业务，是选择一线知名城市的某公司，还是选择你从来没有听过名字的某城市的一家公司呢？二线城市消费虽然低，但是却缺少了一线城市的信息交流平台、人力资源平台、财税金融平台等，所以大企业家才会选择一线城市。

一个人一定要看得远一点，如果你是一个刚踏入职场的年轻人，一定要给自己做好人生规划，不要害怕目标实现不了，一年实现不了，就用两年、三年……当你给自己规划一个长远的目标后，你就要做好打持久战的准备，不要害怕失败，年轻就是最好的资本。多经历一些失败，会让你快速成长，并不会降低你的价值。但是一定要记住的是，坚持高瞻远瞩并不是忽视脚下的路。

有个刚毕业的大学生，经常向朋友抱怨，说自己在应聘的时候是准备做HR的工作，结果到了公司以后才知道自己虽身处HR岗位，但工作内容却与HR没有太大的关系。老板安排她管理公司档案和印章，收发报纸和文件，有时还要兼顾会务协调。她觉得就是在打杂。半年多过去了，她对自己的职业发展感到十分迷茫。

其实，她没有任何好抱怨的，她主要的任务是学习。好的HR都是从打杂开始，在企业里面，HR人员是避免不了“杂役”“救火员”的角色的。很多成功人士都是从“打杂”开始做起的，他们之所以后来能有个辉煌的人生，是因为他们看得远。他们知道只要把琐碎的、繁杂的事情做得专业起来，就能从平凡中获取专业的信息。

高瞻远瞩不等同于急功近利，需要的是如同朴槿惠一样，经得起等待，耐得起寂寞。高瞻远瞩是建立在自己的能力之上，不斤斤计较，把自己的事业当梦想去做。有人曾问股神巴菲特，为什么我炒股总是炒的血本无归，而你却能每次都大赚一笔。巴菲特笑着说，很简单，因为我坚持做长线。许多人投入股市就是想以最快的速度赚一笔，他们基于这种认知而丧失判断力，当股票涨的时候，他们希望涨得更多，却遭遇暴跌；当股票跌的时候，他们沉不住气，只能“割肉”，这样做的后果往往就是血本无归。

但巴菲特却很少这样做，他买的每一只股票都经过长时间观察和分析，买完后，他不求能最快地大赚一笔，而是把目光放长远。他买的苹果股票，在十年内上涨了几十倍，相当于巴菲特在苹果投资的钱也翻了几十倍。

巴菲特的投资理念就是：在最低价格时买进股票，然后耐心等待。一个人在他低谷的时候，往往是他最有价值的时候，因为他已经触摸到了低谷，剩下的只有反弹。人在低谷的时候，一定不能自轻自贱，认为自己将一事无成。李白在《将进酒》中写道“天生我才必有用”，成功之前你需要做的就是经得起等待，耐得起寂寞，时刻准备着。

第七章

# 慎言，一句话有一句话的分量

人生可以比喻为一个点。
在人生的旅途中，
瞬间的某个言语或行动，
看似非常渺小，
可是它却直接关乎这个点的画法。
——朴槿惠

## 沟通以信任为起点和终点

很多人都认为朴槿惠不善于与人沟通，这是一种错误的认识。恐怕很少有人会遇到像她这样在活动中特别活跃的人。很多时候，她一天参加好多次会议，上午在这个城市，中午可能就会出现在另一个城市，下午还可能又会出现在别的城市。她一天只睡两三小时，与人会见次数多了手都握肿了。在走访民众的时候，她多次住在党员家里。她还和超过千万的网友沟通。对于这样的人，我们能说她不善于与人沟通吗？朴槿惠的沟通哲学就是“让别人感觉到信任”。

1979年，美国总统卡特访韩，与时任韩国总统的朴正熙商谈撤军的事宜。但这时朝鲜半岛局势正趋于紧张，随时可能爆发军事冲突，朴正熙总统希望美军能够继续驻扎韩国，以稳定半岛局势。

当时朴槿惠以“第一夫人”身份陪同父亲会见卡特总统。在会谈中，双方的领导人都不愿意退让，会谈眼见将不欢而散。这时朴槿惠把卡特总统的夫人罗瑟琳请到一边，聊起了家常：“听说卡特总统很喜欢慢跑，身体很健康。我国的民众都希望以卡特总统为榜样。”

总统夫人一听，很高兴地回答道：“是啊，他身体一直很好，无论他去哪个国家，每天早晨一定都会跑步。”朴槿惠又说道：“总统身体这样好，一连跑几公里自然不成问题，但是，如果是一个大病初愈的人也能够这样跑吗？”

罗瑟琳回答道：“当然不能，这样不仅不会促进身体健康，反而还会加重身体的负担。”

朴槿惠道：“我也是这样认为的，你看我国正处在南北分裂中，刚刚经历了战争的创伤，这就好比一个大病初愈的人，还知道静养对身体很重要，更何况一个国家呢？现在对于我国来说，为了保护国民的生命和财产，当务之急是保护自己的国家，让饿着肚子的百姓不要再遭受苦难，希望夫人您能了解这一点。”

罗瑟琳点了点头，说：“你说的有道理，我一定会把你所说的这番话转告给总统。”不久之后，卡特总统决定不撤离驻韩美军。朴槿惠在这次会谈中，起到了重要的作用，这次美韩会谈取得圆满的成功。

朴槿惠之所以能够劝服吉米·卡特总统，是因为她让对方感觉到了信任。有人也许很疑惑，为什么吉米·卡特总统能从朴槿惠的那一番话里感觉到信任呢？

那么我们先来仔细看看朴槿惠所说的那番话。她没有直接向罗瑟琳夫人请求帮忙，没有直接让吉米·卡特总统决定不要从韩国撤军，而是跟罗瑟琳夫人拉起了家常，说起了吉米·卡特总统很喜欢慢跑、身体很健康、韩国的民众都希望拿他做榜样。

罗瑟琳夫人听到这些赞美丈夫的话，心里很高兴，这就让罗瑟琳夫人心里的“防备”之心减弱了。这也只是谈话的第一步，说话的时候，如果发现别人“不爱听”就换个方式去说，你可以引喻，也可以幽默。在中国古典著作《战国策》中，就讲述了很多种说话技巧。朴槿惠话家常不仅为了赞扬，并且引出：韩国如今就像大病初愈的人，是不能像吉米·卡特总统那样奔跑几公里的，韩国也需要“休养生息”，需要美国的帮助，否则只会像大病初愈的病人一样再次“病倒”。她的话透露着美军如果继续驻军在韩国，韩国人民就会感觉到希望，而美军撤离，韩国人民就将可能会遭受苦难。也就是说，朴槿惠让吉米·卡特总统知道了美军继续驻军在韩国是一件很有意义的事。朴槿惠在谈话中表现了对卡特总统的关怀和对美国继续驻军韩国的期待，也表现出自己对国民生活的关注。这样一个充满爱的人，是值得信任的。

朴槿惠说服美国总统吉米·卡特不从韩国撤军后，她的父亲比任何时候都开心地对她说："槿惠这次立了大功，做得很不错。"朴槿惠在自传里说道："那时，我明白了，其实国家间的外交也是由人来进行的，为了守护自己国家的利益，一个领导者的外交能力是多么的重要，只要给对方信赖感，找出合适的说话方法，就有可能创造出令人满意的结果。"

朴槿惠说："很多人认为女性处理危机事件的能力比较弱，我认为应该克服这个偏见。我的一生都在克服危机。政治人物的力量不是来自于武力，而是来自于国民的信任。"朴槿惠之所以一直有那么大的力量，就是因为她一直能赢得国民的信任。

那么为什么还会有人在恶意地说她不善于沟通呢？要知道作为领导和政治人，不善于沟通是绝对不可能胜任的。其实，人们之所以如此说她只有一个目的，就是想让国民不再喜欢她，想要让她在选举的时候，没有人支持她。

2004年3月4日的《好日子》报纸报道了这样一则消息：

大国家党议员、52岁的朴槿惠女士在3号整整一夜没睡。她要上网回复在她迷你网页上提问的网友们。在大邱召开的新闻播出讨论会结束以后她就马上赶着回家。她开了一天的会，身子非常累，但是她却说，只要一上网什么都忘了，自己也就没感到一夜未眠。

朴槿惠开设迷你网页有好一阵子了，但访问量也不过是200多人次，可在这条消息经报纸报道后，她的网页的访问量在短短几天之内就超过了两万余人次。朴槿惠看到自己如此受欢迎，也有点激动，她一一回复了网民们的提问，并把儿时的照片也晒了出来，并在提示栏中写了一件自己即将要做的事：13号与网友们一起比赛打乒乓球！

很多网友在看到朴槿惠议员"丹田呼吸""练倒立""弹钢琴唱歌"的视频

朴槿惠善于通过沟通与人达成共识。

以及她二十多岁时的照片时都感觉到很“吃惊”，他们认为身为总统的女儿或许跟凡人有点不一样，但是没有想到朴槿惠和大家其实生活得没什么两样。有一位姓金的女士给朴槿惠留言，说她很可爱。

对于网友的问候，朴槿惠在自己的网页上写道：“感谢大家如此地关心我。大家给我的留言我几乎一个不落地都看了。不管何时，我都会跟大家在一起。虽然有时候由于时间紧张不可能答复每个人，但我将会尽最大努力回答大家的提问。”

最后，她还问候网友，并提醒大家注意倒春寒，并祝大家健康。

朴槿惠的一位助手看朴槿惠管理自己的迷你网很费精力，就建议她把管理的事情交给别人，但是朴槿惠却觉得这是对国民的不信赖。

迷你网开设以前，朴槿惠说自己不太了解国民们的想法，但通过网络，她便能把国民的想法鲜明、具体地勾勒出来了。她说，正是因为深入了解到了国民的想法，所以大国家党能够有针对性地提出各项政策，才能够提出自己的政治信念。

人们之所以愿意向你提意见，与你说话，就是因为你值得人们信任。任何人都与别人产生过误解，如果你想和他们沟通顺利，就需要表现诚恳的态度，让别人相信你。

他人的误会不会在朴槿惠的身上存在很久，她给大家的印象是真诚和值得信赖的。即使朴槿惠不主动与人沟通，他人也会找上门来。没有信任就没有沟通。

## 一语中的，多说话不如少说话

说话是一种大智慧，会说话的人才能和别人做好沟通。而要说朴槿惠不会说话，那是对她的偏见。真实的她只不过是很少言谈罢了。

朴槿惠的话不多，如果你是一个话多的人，跟她在一起恐怕会觉得有些压抑，但是她说的每一句话都很有力度。有一位新闻记者是这样称赞朴槿惠的：在一个喧闹的场合，很多领导人也许都没有办法让大家迅速安静，但只要朴槿惠一句话，周围就会瞬间安静下来。朴槿惠的话就有这么强大的力量。

“多说话不如少说话”并不是因为朴槿惠懂得心计，而是她说话能直接说到重点，她会尽量不说没有价值的话，因此有人称她的讲话风格是“五音节讲话法”。颇有代表的短语有“前方怎么样”“大田怎么样”“真不是个好总统”等等。

有文章这样描写朴槿惠：

“朴槿惠跟别的政治家说话的不同之处是，她可以用一句话把事情简明扼要地表达出来。这就是她的力量所在。不管李明博周围的‘亲李派人士’做过多少准备工作来力图推进某件事，只要朴槿惠说一句‘不可以’，那么事情就等于画上了句号。”

关于朴槿惠如何说话，陈熙贞在《朴槿惠风格》中也有描述：

“朴槿惠说话，就是淡然、坦率而简单，但每一句话都能打动人心，就像流行广告一般会长期印在人的脑海里。她总是能在关键时刻挺身而出，从她嘴里说出来的每一句话都具有决定性的作用，她的话会瞬间扭转局面。”

她能洞穿事情的本质，并用一句话切中问题的要害。

话语太多的人，有时会记不住曾经许下的诺言。

在职场上，很多领导人常常因为不小心说错一句话而遭到下属的非议，让自己名誉扫地，而普通员工在人前搬弄是非也不会受人欢迎。职场上如此，政治场合更是如此。政治家所说的每一句话都有可能有成千上万的人关注着，说错一句话，就可能会断送自己的政治生命。

朴槿惠深知一句没用千句也无效，所以，她特别慎重，她认为如果抓不住问题的要点、切不中问题的要害，还不如不说。

听她说话的时候，不用多想，她会把话说得明明白白，你只要当作你在听一个朋友聊天就可以了。也是因为如此，国民们听她的讲话感觉如沐春风。

朴槿惠不喜欢三种类型的人：

第一是善于为自己辩解的人。她觉得善于辩解的人，喜欢给自己找理由。有错误就道歉，并保证下次不犯错，完全没有必要去寻找各种理由和借口。这样的人很容易让别人失去信任感。

第二是不遵守诺言的人。对很多人来说，那些很小的承诺，只是一些面子上的客套话，说说而已，当事人即使听了，也不会当一回事。朴槿惠不会这样做，她会认真对待她自己说过的每一句话。

第三是说谎的人。她认为任何事情，不管结果如何，都必须如实报告。故意找理由编造一大堆谎言，缓一时之急，反而会误了大事。

朴槿惠不喜欢这三种人。其实，这三种人不管走到哪里都不会受到欢迎。这三类人有一个共同的特点，就是话多。善于辩解的人，他们必须要说很多话；不遵守诺言的人，他们很喜欢对别人许诺，换取自己的面子，也必须说很多话；喜欢撒谎的人，每天要靠骗人生活，同样需要说很多话。

由此看来，“少说多做”是很有道理的，不管你说的是哪些话，有多么漂亮，但对解决问题没有一点作用，别人又怎么会相信你。

朴槿惠为了不给李明博添乱，谨言慎行，极力节制自己参与国政问题。不管李明博给她委派了什么任务，她都全力以赴地去完成。朴槿惠一直把“简洁明了”作为自己的人生信条，不论说话还是做事。这是做领导的智慧，也是政治家的智慧。

## 沉默是种神奇的力量

我们知道朴槿惠是一个说话不多的人，因此会有人误认为她不善于沟通。

朴槿惠之所以要表现出一副话不多的样子，是因为她要为自己所说的每一句话负责。她认为，多说不如不说，少说不如沉默。她说话有一个明显的特点，就是从来没有那么多的冗词赘句，任何人都很容易听懂，不需要反复陈述。

朴槿惠平时话语不多，这可能是她18年隐居生活养成的习惯。如果仔细观察，世界上那些优秀的企业家或者政治人物，他们跟朴槿惠极其相似，他们都是懂得沉默的人。朴槿惠的沉默是为了她那个没有任何污点的最高追求，那么这些成功人士，沉默又是为了什么呢？这是因为沉默中隐藏着对方看不见的力量，也就是说，如果你跟一个人正在交谈，但突然之间，你沉默了，那么对方就会感到很压抑，迫切地想知道你为什么沉默。

口若悬河的领导人是很难树立起领导者的权威的，而且在有些情况下会无法发挥正常的力量。话说多了有时会在某种程度上削弱自己的价值，降低自己的威严，减弱自己的气场。

西方有句谚语说“沉默是金，雄辩是银”，说的就是即使口才再好也比不上沉默的力量。

老子《道德经》中有句话是“多言数穷，不如守中”。在老子看来，话说多了反而会让自己陷入困境，还不如把话放在心里。越有智慧的人往往说话越少，越懂得沉默的力量。

在工作、生活中，我们会跌很多跟头，走很多弯路，常常会抱怨环境不济、人事不济、机遇不济，很少有人去反思、检讨自己，其实，跌跟头、走弯路很多是源于自己不会沉默。这种人与人接触时，两杯酒下肚，听进去别人的两句好话，别人问什么，你就全部说了出来；做事时，你没有搞清事情具体是怎么一回事，一腔热血就迸发了起来；工作时，工作环境还没有熟悉，周边的人还没有认完，就对领导和同事品头论足、指手画脚。

这样下去，不出问题、不跌跟头恐怕只有童话故事里才会出现。做人要理性，换言之，就是不管在什么情况下，都要给自己留下沉默的空间。做人的愚蠢

朴槿惠沉默不语。

之处，就在于自己缺乏理性，换言之，就是克服不了内心的浮躁，心似乎就是为别人长的，别人一“忽悠”就对别人掏心掏肺。一个成熟的政治家，在面对复杂的局面、烦乱的事务时，需要沉默，需要安静地想一想，部下的意见和建议，往往使事情越难保持沉默的空间。

沉默不等于无言，它是一种积蓄、酝酿、等待猝发的过程。相信大家都记得“一鸣惊人”这个成语故事吧。有本事的人，平时默默无闻，一旦抓住了机会，施展才华，就能做出惊人的业绩。动物界里有一个关于刺猬和狐狸的故事，很能体现出沉默的力量。

狐狸出来寻食，碰到了正背着两个草莓赶路的刺猬。狐狸很想得到刺猬背上的草莓，但是又害怕刺猬身上的刺。它眼珠骨碌一转，想到了一个办法。

狐狸跑到刺猬前面，装作很生气的样子对刺猬说：“刺猬，快把草莓给我，否则我就对你不客气！”可刺猬装作没有听见，继续向前走。狐狸看到这个办法没有用，就想：上次我用好话骗了乌鸦嘴里的肉，也许这次用好话也能骗取刺猬的草莓，即使不能骗了她，只要让我能在她还没任何防备的时候袭击她，那么我不仅可以得到甜美可口的草莓，也许还可以吃 顿刺猬肉了。

狐狸走到刺猬身旁，装出一副友好的表情，对刺猬说：“亲爱的刺猬小姐，我为刚才冒犯你向你道歉。你的眼睛很漂亮，是我在这个世界上见过的最美的眼睛。”可刺猬根本不理睬狐狸，狐狸又对刺猬说：“亲爱的刺猬小姐，你的耳朵也很美，而且你的耳朵也是最灵敏的，不管多小的声音你都能听见。”

刺猬仍然装作没有听见，当狐狸继续向她靠近的时候，她马上蜷缩成一个圆球，浑身的尖刺，指向四面八方。狐狸看刺猬早有准备，只好去别的地方寻找食物。

当事情突然发生变化的时候，如果你没有想好办法，那么最好的应对方法也许就是沉默。沉默不是叫人缄口不语，而是希望人们学会深思熟虑。三思而后说，是一种积极地寻找解决问题方法的方式。有时候，不管你是勇敢地直接面对，还是逃避，都会给你带来一个不好的结果。就好像上面这个故事，不管刺猬是逃，还是勇敢地跟狐狸大战一场，结果都会很惨。但是她选择了沉默面对，就取得了胜利。

朴槿惠比任何人都懂得沉默的道理，从离开青瓦台之后，社会上不断出现诽谤她父亲的话，面对这些事情，她无能为力，只好选择忍痛消失在人们的视野中。但是她真的无能为力吗？难道一点点力量都没有么？当然不是。至少她还有一张能说话的嘴巴。但是如果她不选择沉默，而是跟诽谤她父亲的那些人作对，那么会有什么样的结果呢？结果肯定是这样的，诽谤他父亲的话会越来越多，恐怕最后连不相信的人也都会相信。很多时候，我们不能辩驳，因为越辩驳，越不容易令人相信。

沉默能让人变得贤明、智慧和强大。面对一些人、一些事，我们暂时不知该如何处理的话，就选择沉默吧！沉默，就是不解释，不辩驳。保持沉默，其实并不是表示你不尊重对方，而是在含蓄地告诉对方，你对这件事看得很重，也会让别人感觉到你重视他。如果，你随便就拍胸口答应，别人也许一开始会信任你，但如果你没有帮别人办好事情，那么你就很难再取得别人的信任了。

很多时候，我们是需要沉默的。沉默也是一种表达，是一种无声的表达。语言有时候无法表达一些情感以及比情感更加细腻的东西，那么不表达就成为了我们最佳的选择。无声的表达更加能够让对方感受到你的情感，以及你内心的一些极其微小不易察觉的东西。

沉默是一种人生的历练，是一种对社会的大彻大悟，是一种对生活的宽忍超脱，是一个人是否心智成熟的一种体现。学会沉默你就学会了适应，学会沉默你就学会了自我防护，学会沉默你就学会了自我超越。

第八章

# 信念，不到最后一刻永不放弃

过好自己的人生并不意味着人生路上事事如你所愿。
更有意义的人生其实是，
即使遇到困境时，
你也应该积极地去适应，去挑战，
应该做到机智灵活地“换挡”，争取转危为安。
这才是正确的人生，发展的人生，有意义的人生。
——朴槿惠

## “前总统那个命苦的女儿回来了”

40年前，朴槿惠的目标是成为一名讲台上的教师或者学者，所以她发愤图强考取了西江大学电子工程系。30年前，母亲离世，她的命运突然改变，她成为了一位优秀的“第一夫人”。25年前，父亲朴正熙遇刺身亡，她被迫远离政坛，销声匿迹近20年。

16年前，她在韩国被经济危机席卷的时候，加入大国家党，宣布进入政坛，她的口号是“为完成父亲未完成的事业尽一点力”。如今她已是韩国的第18任总统。她的这些经历，不管是想成为一名学者而考取了西江大学电子工程系，还是在韩国的政治领域里成为了最优秀的人才，对于任何一个人来说，都是极难做到的。而她之所以能做到这些，是因为她明知前方的路有多么艰难，也要挺着身子前进。这就是信念的力量。

1997年，韩国爆发了IMF危机（当时濒临破产危险的韩国，向IMF世界货币基金组织贷款，简称IMF危机）。那时，韩国的公司纷纷倒闭，失业的人口到处都是。朴槿惠没有想到，当初艰难创建的韩国，将要无声地倒下。

她想起了六七十年代的时候，韩国是全世界最贫穷的国家之一，人均国民收入仅仅七十六美元，连当时菲律宾的人均国民收入都远远不及。为了生活，家庭主妇们不得不把自己的头发卖掉，用来换取白米和菜肴。为了向别的国家借钱，当时的政府不得不将矿工和护士送到西德，而代价是以他们的薪水作为担保。

可以说，韩国之所以有今日的经济成果，和无数的年轻人将自己的青春奉献在异国他乡有着直接联系。而她是站在最前线看着韩国是如何从一个贫困的国家变成现在这样的，所以，她看到韩国面临IMF危机，看到国民过着贫困的生活，比谁都难受。她担心曾经过去世代所建立的许多成就，很有可能在朝夕间化为泡沫。

她在自传里这样写道：

有一天，我在马路上看到这么一幕，街上排了很长的队伍等着领免费配给所提供的晚餐。我和一个队伍里的中年男子四目相交，他慌乱地把头扭了过去。我想，他应该是某个家庭的家长，如不是爆发IMF危机，他应该和家人们在快乐地吃着晚餐吧。

那天之后，我晚上总是难以睡下，即使工作做到一半，我也会不自觉地叹气，吃饭的时候，也没什么胃口。我在报纸、电视还有周遭地方，看不到任何一位政府的官员敢站出来，承担责任。

我开始想，爆发IMF危机后，自己能为这个国家做点什么呢。即使自己的能力很小，但也要做点对国家有利的事情。

其实，90年代后，有不少人提议我出马参选国会议员，我都拒绝了。我好不容易才从离开青瓦台的阴霾中走出来，过着平静的生活，也希望能一直这样过下去。但是，IMF危机爆发后，我看着经济受到重创的韩国，不断地问自己：“国家都如此动摇欲坠了，我还能独自过着平静安逸的生活吗？这样日后要如何坦然地面对自己？死后又如何问心无愧地去见父母呢？

就这样，我做了一个决定，要走政治这条路。我知道在这条路上将会遇到无数的困难，但已经决定为大韩民国奉献自己余生的我不想犹豫了。就这样，我踏进了政治界。

明知艰难也要走下去，这是一种勇气，这种勇气来自朴槿惠心中的信念。现在很多人看到前面的路困难重重，便开始打退堂鼓，准备放弃自己的目标；也有的人看到困难，虽然没有立刻退缩，但是却不是想着尽自己最大努力去解决困难，而是想着如何绕过困难，但是困难是绕不过去的；有些人遇到困难了，还幼稚地认为时间可以解决问题，岁月的流逝会让我们淡忘一些不愉快的事，但是我们忘记事情跟时间并没有直接关系，时间绝不会怜悯任何人和帮我们解决任何问题。在战场上逃避就会被枪毙，在职场上逃避就会被“扫地出门”。

记得有个朋友在自己的微博上写道：“即使看不到未来，即使看不到希望，也依然相信自己错不了，自己选的人错不了，自己选的人生错不了。第二天叫醒我的不是闹钟，其实还是梦想……”其实，这就是一种战胜自我，勇于面对困难的精神的体现。

任何人都要有面对困难的决心，今天的困难之所以选择了我们，是我们昨天选择了他们。既然我们已经选择走这条困难重重的路，就要像朴槿惠一样勇敢坚强地走下去，哪怕将来要越过的山是多么险恶和陡峭。

1997年12月10日，八天后，就是总统大选的日子，朴槿惠决定支持大国家党的总统候选人李会昌。而知道朴槿惠进入政界后，不少人纷纷嘲笑道：“前总统那个命苦的女儿回来了。”但她只是一笑而过。她支持李会昌的原因，是她认为李会昌是一个清廉有能力的领导者，如果她能和李会昌一起努力的话，相信将可以迅速地解决IMF经济萧条危机。

但是遗憾的是，她的努力并没有让李会昌坐上总统的宝座，她所支持的大国家党成为了在野党。接下来，就是1998年4月2日的国会议员的再补选，这是影响大国家党命运的一场重要的选举。

在政权已轮替的情况下，如果大国家党在他们影响力最大的釜山、大邱、闻庆这三个城市的再补选也败选的话，大国家党将会走向崩溃。

本来朴槿惠是打算去闻庆和醴泉，因为那是她父亲年轻的时候当老师的地方，而且当地的不少居民都很希望她能去那里参选。可是就在这个时候，朴槿惠接到了一个来自大邱分部部长的电话，邀请她去大邱达城郡参选。当时，根据民调预示，大国家党的人不管谁在大邱达城出马参选，都会输给执政党的候选人。

可朴槿惠马上就做了一个决定去大邱达城。她的朋友知道这个消息后，纷纷劝她："好好的路不走，偏偏要走这么危险的路。"她想起自己从政的理由，即便是输也要支持大国家党，所以仍然坚持去最困难的地方打赢最不容易打败的对手，因为这才是对党最有帮助的。

执政党的候选人在达城出生，对达城各阶层都经营得很好，又有执政党政府支持。从各方面来看，朴槿惠没有一点优势可言。但她并没有因此有丝毫退缩，到了达城后，她马上开始准备竞选活动。但是现实比他们想象得还要糟糕。第一，已辞退的前任大国家党国会议员，对他们表示不能给予任何援助，不但大国家党的党册没有交接，甚至连原本是大国家党办公的地方都被对手给接收了。后来，他们从新闻上才知道，要交付给他们党册的那个人甚至带着电脑消失了。他们不得不在这个陌生的地方先解决办公室的问题，找到办公室后，他们又找了一部电脑和一台打印机。就这样，他们正式开始进行选举活动了。

要知道，由于时间太匆忙，他们没有筹到任何经费。当时有一个议员知道后，很惊讶地问朴槿惠："你们难道连最基本的费用都没有，总得要请助选员们吃饭吧？"朴槿惠确实没有多少钱，她认为为了国家大事而出来竞选的人如果用钱买票，这对选民来说是一种侮辱。她不会跟别人同流合污，她决定用自己的诚心去感动选民。

他们没有钱出去吃饭，就买点简单的食物在办公室煮着吃。选举开始后，他们几乎每天都是这样度过的。后来，有消息传出去了，全国各地开始有人来找他们了。于是，有人给他们送来糕饼，有人给他们送来了自己烤的地瓜，有些人还卖了自己家养的猪拿现金来资助他们。这些都让朴槿惠等人非常感动。当地居民因为执政党候选人的关系开始并不跟朴槿惠他们走得太近，但是后来也纷纷前来。

朴槿惠到处拜票，她对任何角落都不想漏掉。每天她都是清晨出门，晚上才回来。她自己都不知道，走坏了多少双鞋。在拜票的途中，经常有人对她说：“请您一定要选赢这次选举，做一个好政治人。”

那些曾经认为朴槿惠这么一个连选举资金都没有的人是不可能选举获胜的民众，后来都被她的真诚一一打动，渐渐露出了善意。虽然，朴槿惠他们做了很多努力，但是仍然没有取得胜利的把握。所以，选举当天的傍晚，坐在办公室的每个人都很少说话。当开票得知朴槿惠远远领先对手的时候，他们的脸上终于纷纷露出了笑容。

也许有人会认为，朴槿惠有些莽撞，明明可以走一条很轻松取胜的路，为什么一定要冒着失败的危险冲向前方接受风雨的洗礼呢？因为她知道，既然自己决定了走政治这条路，那么今后难免就会遇到类似这样的事，既然以后仍然要遇上，为什么现在不勇敢地去面对呢，更何况这件事对挽救即将面临崩溃的大国家党极为重要。其实，困难就好像我们欠下的债一样，只要我们欠了债，债主迟早会找上门的。我们躲过初一躲不过十五，跑了和尚带不走庙！

在生活中，我们遇到困难，或许就会对身边的人说：“我真倒霉，又遇到意想不到的困难了！”这个说法正确吗？是不是应该这样说：“那个早应该解决的困难，今天终于找到我了！”为什么要这样说，是因为路是我们自己选的，既然是我们自己选择的，我们就没有理由埋怨或者逃避，搬走那些挡住我们前进道路的石头，是我们对自己的负责。

一个人要想取得成功必须要经历很多困难，但是朴槿惠却用智慧和勇敢战胜了困难。如果你也选择了走一条艰难的路，那么勇敢地去面对一切吧。即使失败，那又有什么关系呢？此时解决总比以后解决的好，就算你没有成功，但也积累了一些经验，当再面对此类问题的时候，至少不会因为陌生而手忙脚乱了。

朴槿惠始终坚持心中的信念。

# 难道我们觉得费劲就应该放弃吗

人类是靠什么创造了一个又一个奇迹？有的人会说是勤奋努力；也有的人会说靠的是智慧。但是这些都不是最准确的答案，最准确的答案是信念。我们可以想象一下，如果一个人没有坚定的信念，那么即使他有爱因斯坦的智商，恐怕也不会取得多大的成就。因为没有信念，就谈不上有多大的努力和付出。

关于信念，成功学精神导师卡耐基曾说过："你有信仰、有自信、有希望，就会永葆青春。"是的，坚定的信仰、信念是成就人生辉煌的不竭的动力、坚实的支柱和不灭的航向灯！

信念的力量是巨大的，它是人类成功的永恒发动机，正是靠着信念提供的力量，人类把一切看似不可能的事情变成了可能。如果不是靠着信念的力量，人类就无法完成他们的梦想，也就无法让整个社会得到进步，这也是其他一切体能比人类强大得多的动物永远臣服于人类的原因。信念的力量是无比巨大的，但是只有坚守信念的人才能把它发挥出来，最后变成了巨人。而朴槿惠就是这么一个巨人。

韩国政坛派系林立，即使同属一个党，党内的斗争也非常激烈。许多党员为了好的前程，往往只看党首的脸色办事，而很少真的去关心自己选区的选民。朴槿惠看到这种局面，心中很是忧愁，最后，她决定改变党内的这种风气，所以在她成为大国家党的副总裁后，就准备对政党进行改革。因而她遭到许多人的攻击，认为她在分裂党。

在朴槿惠刚复出政坛的时候，党内就有很多指责她的声音。例如，朴槿惠没有参加大国家党1999年1月举行的马山集会以及2000年9月举行的釜山与大邱的集会，随后党内责骂的声音便扑面而至，与雨点一样向朴槿惠不断袭来。

在朴槿惠看来，集会本来是为了抗争执政党的错误政策，而不是为了争权夺利。既然执政党已经接受批评，就没有必要死追着不放。将集会变成长期集会，无论对民众还是国家都没有什么好处，所以，她拒绝参加这些行动。

为了党的民主化和透明化，她提出了很多改革的主张。但是这些主张却没得到别人的支持，她反而被冠上了“非主流”的称号。但是朴槿惠仍然坚持自己的原则和信念，主张一切应该从国家和民众的利益出发，而不应该只贪图自己和本党的利益。为此，在2002年2月28日，她表明了自己的立场：“在看不到政党改变的情况下，还想得到国民的支持，等于是在欺骗国民。”随即，她退出了大国家党。

不久之后，朴槿惠和非政坛的人士共同创办了韩国未来联合党。随着总统大选的接近，有不少人劝说她应该和卢武铉、郑梦准联手，但她却直接拒绝了。她觉得发展政党应该和持有相同理念、路线的人一起进行，但卢武铉与她的理念、路线、国家观念截然不同。

这个时候，大国家党因为议会和地方选举失败，民心丧失，也不得不开始接受朴槿惠的理念，并且请她加入大国家党。为了国家，朴槿惠决定再一次帮助李会昌。就这样，她率领韩国未来联合党与大国家党合并，后来被选举为党代表，带领大国家党进行改革，以对选民负责的心态重新赢得议会第一大党。

香港女作家素黑说过这样一段话：“很多人问为何我对那么多自伤伤人的感情个案还不放弃，把自己弄得那么忙碌那么累干吗？我不知道为何还没有放弃。我没有强大的力量能改变什么，只想告诉自己，我希望得到、感受到怎样的爱。我先为别人付出。能付出，才算真正拥有。虽然这是很孤独的路，但我还是愿意走下去，也许这是我来此生的目的。”

朴槿惠应该会认同素黑所说的这段话，因为她们都有一个共同点，那就是认为没有放弃，坚守信念是对自己最大的爱。坚守自己的信念不是任何人都能做得到的，尤其是在受到排挤打压的时候。历史上有很多本来非常出色的人，就是因为承受不了别人的打击，没有坚守住自己的信念，最后人们只能对他发出一声叹息。

2000年冬天，朴槿惠被邀请到淑明女子大学做了一次演讲，她在演讲中指出，自己之所以要从政，不是为了更好的生活，而是要开拓属于自己的路，即使这条路非常孤独和艰难。

“当各个党派在进行场外斗争的时候，我无法让自己也参与其中，只能孤独地号召议员们全体都出席国会。国政监察的时候，我必须尽自己的努力提出对策。其实如果想轻松从政的话，我完全没有必要如此，因为只要按照党内的决定来做就可以了。就算党的决定方向有错，我也不会因此而失去人心和支持。但如果那样做的话，我就要扪心自问一下从事政治的目的究竟是什么？”

有一位记者问她：“您为什么总要干这么令人费劲的事情？”

朴槿惠莞尔一笑，反问道：“父母亲如果病倒的话，子女们早晚熬药尽心服侍，让老人早日恢复健康是自然的事，难道我们觉得费劲就应该放弃吗？”由此来看，朴槿惠所走的路都是别人不曾走过的艰险之路，而这就是她的风格。

有一个旅行者在沙漠里迷失了方向。更可怕的是，因为一场风暴旅行者丢失了水袋和装有干粮的背包。他绝望地翻着身上每一个口袋，最后惊喜地找到了一个苹果。

他紧握着那个苹果，开始在沙漠中寻找出路。每当干渴、饥饿、疲乏袭来的时候，他就看一看手中的苹果，然后抿一抿干裂的嘴唇，陡然又会增添不少力量。

一天过去了，两天过去了，到了第三天，旅行者终于走出了荒漠。他很感谢手上的这个苹果，并把它小心翼翼地放进了自己的衣兜里，虽然它已经干巴得不成样子。

我们也许会觉得故事中的旅行者只不过是一个幸运者罢了，因为事情没有发生在我们的身上，我们似乎感觉不到信念的作用到底有多大。但是，有一点我们不得不承认，信念具有不可思议的神奇力量。信念能让一个人即使身处逆境，亦能扬起奋勇前进的风帆；信念的伟大正在于即使遭遇不幸，亦能唤起我们热爱生活的勇气。

信念，是蕴藏在人们心中的一团永不熄灭的火焰。信念，是保证一生追求的目标成功的内在驱动力。信念的最大价值是支撑人们永远都对美好的事物孜孜以求。朴槿惠对信念深有感悟，她认为在通往成功的道路上，要一直坚守信念，矢志不移，不可半途而废。

伟人不是那么容易就练就的，你必须要承受住别人的打击和排挤以及无数的挫折。没有永恒的失败，也没有永恒的成功。只要我们明确自己的目标，坚定自己的信念，坚持不懈的努力，也许因为现实因素，我们或许不能达到我们的目标，但我们终将会有所成就。因为今日的你，不管从心智上还是其他方面，你都比曾经的你更加完美。

## 责任面前，总要有一个人站出来

每个人都有自己的责任，虽然每个人的社会分工不同，责任有大有小，可我们必须要承担我们的责任，也只有承担起自己的责任才能算是一个真正的人，而强者就是那些勇于承担责任的人。与普通人相比，朴槿惠的责任可以说是“重于泰山”，因为她有让韩国走上现代化，让每个人都能实现自己梦想的目标。在责任面前，她从不推脱，为了达成自己的目标，她宁愿走一条与众不同的路。这就是朴槿惠，一个强者的象征，一个令无数人仰望的人物。

1998年4月8日，朴槿惠第一次站在国会的发言台上讲话：“我在国民面前发誓，将遵守宪法，为国家的自由、福利的增进以及祖国的和平统一而努力，以国家利益为优先考虑，秉着良心，精诚履行国会议员的职务。”

“我选择在国家最困难的时候进入政界，现在感到肩膀上的担子更重了！未来我会努力清廉政治，与国民同甘共苦，并尽我最大的努力做到最好。”

朴槿惠并没有食言，每当想起站在国会发言台上的那一天，她就想着自己“究竟做到了多少”。她一直在不停地努力。看到祖国还在已开发的门槛徘徊，以及仍然还在辛苦过日子的国民们她就不敢有任何懈怠。

当她再一次加入大国家党，并成为大国家党的总统大选选举对策委员会议长后，她就积极地投入到李会昌候选人的助选活动中。但是，命运却又一次背离了她，李会昌候选人败选了，卢武铉成为了韩国的第16任总统。隔天，李会昌候选人宣布退出政坛。党内许多人都一下子无法从败选的打击中走出来。

卢武铉就任总统后，开始对总统选举资金进行调查，最后发现大国家党在进行总统选举活动的时候非法挪用资金。结果，使得李会昌领导的大国家党蒙上了腐败的阴影，导致大国家党在以后的竞选中处于不利地位。

2004年“4·15”国会总选前，大国家党的支持度已经降到了谷底。很多担心党未来的议员都希望朴槿惠来竞选党代表，但朴槿惠身边那些真正关心她的人却劝她不要参选。

“议员，谁坐上那个位置，谁就将要倒大霉。谁都知道，要想赢是绝对不可能的。这样一来，您很可能就会结束自己的政治生涯。”

“您幸运的话，或许真能当上代表，但是您也很可能会因此结束政治生涯的。”但最后，朴槿惠依然决定勇往直前。

2004年3月23日，她在选举大会上说：“我今天是以忠武公——李舜臣将军的坚定决心站在这里，我没有父母，也没有子女，这样的我只想为大国家党奉献我的一切。”她演说完后，会场内一片寂静。一会儿后，如雷般的掌声响了起来，就这样，她成为了大国家党的党代表。

一个人责任有多大，那么他的能力就会有多大。人的一生中，可以丢弃的东西有很多，诸如功名与财富，然而有一种东西不可弃，那便是心中的那份沉甸甸的责任。

很多人遇到困难，就不断地逃避，但有很多事情，越拖就会变得越糟。有人也许会说，困难来了，可是自己能力有限，不逃避，还能怎么办呢？能力有限？还没有任何尝试就说自己不行，这不是自欺欺人和推卸责任又是什么呢？

朴槿惠说："世界上最容易的事情就是只为自己而活着。该牺牲的时候我们就应该牺牲；该抛弃的，尽管利益变得很大，但我们也必须抛弃。据称，当大浪涌来的时候，不管船体多大，要想躲避波浪转身的话，船都会沉没；而如果船只勇敢面对波浪、迎面前行的话，绝对不会被掀翻。为了成为未来的领导人，我应该保持态势，直面困难。"事情已经发生，如果真的不能后退，那就立刻以积极乐观的态度迎上前去。如果大家都不愿意承担责任，这个时候，你出头了，那么这就是你走向成功的机会。

某一销售公司老板正在跟下属们开会，老板脸色不悦地说："我知道最近行情不好，但是再不好，也不可能就这么点业绩吧。"

下面的销售员一个个站了出来，说了一大堆借口和理由，而这些理由老板又确实无法反驳，所以，他的脸色越来越难看。但最后有一个年轻人站了出来，说他有办法把业绩提上去。老板高兴地听了年轻人所说的建议。虽然，这个年轻人所说的办法，不能提高多少业绩，但是老板却很是欣赏。在这种情况下，他敢于站出来，承担责任，并为解决业绩的问题提出建议。老板立刻决定，升他为临时销售经理，并承诺如果他能迅速解决公司的危机，不仅会让他转正，还会给他如今双倍的工资。

责任就意味着机会，责任就意味着你的能力将会有多大。千万不要害怕责任，要勇敢地站出来承担责任。不要怕走错路，路错了，我们大不了再走回去。但是你不走的话，或许再等几年，也没有这样的机会了。该站出来的时候就得站出来，不要畏惧。谁畏惧，谁最后就会走向平庸。

有的人也许会说，人生漫长，机会很多，我们没有必要在公司危机时候站出来。机会虽然很多，可一旦有了这种消极心态，再多的机会到面前也变成了没机会。结果他们就在自我感觉良好的状态下年龄不断增长，等他们真正想改变人生的时候，却遗憾地发现，他再也没有任何能力了。恐怕这就是我们最大的悲哀，当初有能力改变的时候，却没有选择改变。

责任面前，是需要有人站出来的，谁最先站出来，挑起了这个担子，谁就会脱颖而出。要知道，危机其实也是机会。对于拥有强大责任心的人来说，危机就是他们的机会，还是他们最好的机会。

当然，我们也不能随便站出来，没有一点本事，就主动把重任揽过来，只会让事情雪上加霜，自己也会陷入人生的困境。其实，朴槿惠也并不是随便站出来的，她在决定选举党代表的时候，就已经在积极地思考如何才能带领大国家党走出危机，她自己也相信有能力带领大国家党走出困境。

## 马上行动，不要等天亮才出发

很多人都习惯于做事往后拖延一步，总愿意在行动之前，好好享受一下最后的安逸。只是在休息之后又想继续享受，这样直到期限已满行动也还未开始。事实就是，拖延直接导致行动的失败。

这个场景恐怕很多人都遇到过：你下定决心要克服上班迟到的这个毛病，而这个毛病最关键在于你喜欢睡懒觉，于是你计划明天早上七点半起床，这个时间比平时你起床的时间提早了半个小时。第二天，你的闹钟准时响了，但是你根本就没有精神起床，于是对自己说：“反正时间还早着呢，再睡十分钟，上班也不会迟到。”果然，你继续睡了十分钟。十分钟之后，你或许还会这样想着：“没事，只要我迅速点，上班肯定不会迟到。”就这样，你又继续睡了十分钟。直到忽然醒来，发现马上就要迟到，才匆匆忙忙地爬起床，再一次重复了以前的错误。

很多人或许会因为女性天然的性格特征，认为女性领导人做事就会有些优柔寡断以及缺乏远见，但是朴槿惠就没有这些“缺点”。她比男性更加果断，更加有远见。朴槿惠做事绝不会拖延，她也不允许这样的事情在自己的身上发生。正是因为她果断的行动，让跟随她的人越来越多，人们也越来越相信她。对于一般的民众来讲，他们更容易接受那些实干、马上行动绝不拖延的政治人。

2004年3月24日，这是朴槿惠担任大国家党代表的第一个上班日，她走到了汝矣岛国会对面的十层党部大楼下面，但并没有走进去。

她想干什么？既然今天是上班日，那么她应该去她上班的地方。她为什么要来到这里呢？她之所以要来这里，因为今天上班的地方就在这。相信有人会有疑问，上班的地方应该是在办公室，怎么会在大楼的下面呢？

其实，大国家党办公室的地方就在朴槿惠跟前，就是她面前这栋极为气派的十层高楼。但是在她当选为党代表时，她就已经向事务总长传达过了不会到这党舍上班的决定。她认为，国民已经对大国家党的腐败失望了，此时此刻不应该使用党舍才对。

这天，朴槿惠与党员们一起把大国家党的招牌从大楼的墙上卸了下来。这等于是在宣示他们要断绝腐败的决心，同时，这也是大国家党将走向风餐露宿的第一步。

他们是在向国民谢罪。他们抬着招牌，后面还跟着50多位党干部和党员，慢慢地走向汝矣岛中小企业展示用地里用帐篷搭建的党舍。沿途，有不少民众看着他们那一行人。

朴槿惠和党员们一步一步走向党舍，虽然路途不是很远，但是每走一步似乎都充满了对国民的愧疚感。

在帐篷党舍，党职人员都很辛苦。虽然那个时候，已经是三月底了，但是气温仍然很低，坐在帐篷里依然能感觉到一阵阵寒气不断袭来。由于环境的恶劣和时常要加班，经常有党员累得开始感冒，但是却看不到任何一个人抱怨。大家都非常团结，秉着不改革不行的高危机意识，希望大国家党早一些成为一个能让国民们相信的党。

寒冷过去后，他们接受着酷暑的考验。党舍里没有空调，所以只要在这里待一下子就会满身大汗。有些人还因为流汗长了痱子，也有些人因为灰尘过敏而整天打喷嚏流鼻水，特别是他们当中还有几位怀孕的女职员。每次看到他们辛苦地工作，朴槿惠都深感抱歉和十分难过，但这也更鞭策着她改革的决心。

也许有人认为朴槿惠这样急着行动，有点迫不得已，那就错了，因为马上行动、绝不拖延是她从小养成的习惯。在她成为“第一夫人”的时候，她就在心里发誓绝对不做那种懒惰的“第一夫人”。因此，她常常要比别人更加勤奋、更加努力。

遇到麻烦，没有人能告诉你该如何去做，但你必须要马上做出决定，你是选择乐观面对，还是消极逃避？你必须下决定，这决定着你的生活是否精彩。多少人在苦苦追求成功，然而他们总是停留在口头上，总有人在苦苦地询问成功的方法，即使他们得到了方法又怎样呢？你没有马上行动，即使得到了最好的方法也很难获得成功。

不要给自己留退路，说什么“以后还有机会”“时间还比较充裕”。在制定好计划以后，你往往就没有了后路，唯一的选择就是立即行动，然后在行动中寻找解决问题的方法。

为什么我们必须要立即行动，这是因为立即行动能使我们保持较高的热情和斗志，能提高办事效率。古代作战，兵家策略是“一鼓作气”，防止“一而再，再而衰，三而竭”，这是对“立即行动”最好的解答。拖延之后再想让疲软的心态鼓起斗志是比较困难的。

为了彻底与腐败绝缘，朴槿惠还采取了一个行动，她把天安市的大国家党中央研修院归还给人民。那是价值超过上亿韩元的建筑物和土地。党内的不少人反对，担心把党产交出去后，会影响即将准备的总统大选。

但是，朴槿惠已经下定了决心，她告诉党员们："没钱也能选举。没钱也可以走政治这条路。"在她的说服下，反对的声音很快平息了下来。

她在党代表的就职演说中表示："绝不容许贪污腐败。从现在起，如果党员被检察官起诉，即刻停止党权，若判定有罪的话，马上永久地除去党籍。"

朴槿惠是这样说的，也是这样做的。

2005年2月22日，有两名国会议员，遭受到停止党权的处分，其中一位私下还是朴槿惠的好友。但她仍坚持同等处分，没有例外。2005年6月28日，包括比例代表预备候选人在内的三名党员被处以停止党权的处分。2006年5月13日，与地方选举公荐受贿案相关的两位中坚党员也由朴槿惠亲自向检察官告发。这些与她形同家人的成员要由她向检察院告发，是无法用任何言语形容的痛苦。然而只要想到要是没有经历这些痛苦，大国家党就无法脱离腐败的污名，也永远无法再获得国民的信任，她也只好选择忍痛闭上了眼睛。在那样艰苦的帐篷党部里，朴槿惠带领党员们度过了难忘的86天。她用积极的行动带领大国家党走出了危机，慢慢地拉近了与民众的距离，最终赢得了国民的信任。

事情已经发生了，就一定要有所行动。你行动得越快，那么挽回的损失就越多。想一想，有多少事因为我们没有马上行动而置之脑后，最后等到事情已经无法挽回时，我们又不得不大为叹息。"如果当初""假如"……我们绝对不要让我们有说这些消极的话的机会。一件重要的事情，如果不是马上行动，事情就会越来越对我们不利。

一个成功的人最重要的不是他的目标有多远，也不是他解决问题的方法有多好，而是他是否能马上行动。下面这个真实的故事，能很好地说明这一点。

恐怕不少人都吃过天使冰王的雪糕，那么它是怎么来的。这要从20世纪70年代开始说起。那个时候，有个叫作法兰克的年轻人，由于家庭贫困，便去了芝加哥寻找出路。由于没有念过书以及没学过谋生技能，他没有找到工作，最后只好买了把鞋刷给别人刷鞋。

半年后，他靠着自己的努力开了一间小店，边卖雪糕边擦鞋。他没想到的是，雪糕生意非常好，于是马上停止了擦鞋，专门卖起了雪糕。后来，便创建了“天使冰王”这个雪糕品牌。如今，法兰克的“天使冰王”拥有全美百分之七十以上的市场占有率，而且分店遍及世界60多个国家，全球超过4000多间专门店，深受世界各地人士的欢迎。

其实，当初看中雪糕很有市场的还有一个叫作斯特福的年轻人，他跟法兰克几乎同时到达芝加哥。斯特福是个念过大学的人，他还有一个有钱的父亲。就在法兰克给别人擦皮鞋的时候，他花了十几万美元对芝加哥各行业都做了一些调查，最后他发现：卖雪糕很有市场。他马上把结果告诉了父亲，但却遭到了父亲的强烈反对，就没有付诸行动。

经过一年的精确调查，他还是觉得卖雪糕的生意好做。可是等他说服了父亲，准备打造雪糕店的时候，法兰克的雪糕店已经获得了成功，并且抢占了美国市场的百分之七十以上，而这个没立即行动的人最终无功而返。

谁行动得晚，生活就会惩罚谁，即使比当初行动最快的那个人再有钱、再有势，也很难挽回失败的局面。朴槿惠深知这个道理，所以他们从不拖延。有人也许会有这样的疑问，马上行动岂不显得很冲动、鲁莽吗？不是的。马上行动，不是让我们想到了就没有准备地去做，而是首先要有大致的计划。就拿朴槿惠来说，当她被选为了大国家党代表的时候，其实她就已经在想如何才能带领大国家党走出困境。朴槿惠不是毫无章法地乱行动，她所做的一切早都在她的计划当中了。

在如今这个竞争激烈的社会，想成就一番伟业的人如过江之鲫，而结果往往是如愿者不足一二，平庸者十之八九。造成这种局面，除了机遇、资金等因素外，更重要的是大多数人迟迟不敢行动，总是计划再计划，预测再预测。最后，在犹豫中错过了良机，这样一晃，可能就是一生。

其实，只有马上行动，才能谈得上方法；只有行动，才能知道我们将会遇到哪些真正的困难。不管梦想是大是小，目标是高是低，从现在开始，积极行动起来，也只有紧紧抓住行动这根弦，才能达成我们的梦想。

## 走一条别人没有走过的路

你想过要走一条别人没有走过的路吗？恐怕很多人都不敢这样想，即使这样想了，最后往往也会打消这个念头。为什么呢？因为他会这样想，既然别人都没有走，那么一定有不能走的道理。既然如此，我何必要去走一条如此艰辛的道路呢？

害怕困难，害怕责任，这些都是缺乏自信的体现。朴槿惠却跟他们不一样，因为她内心有坚定的信念，有强大的自信，即使前面的路再难，她也要走一条别人没有走过的路。因为她认为，只有她选择的这条路才能让国民更加幸福，让国家更加富强。

朴槿惠从踏入政界的那一刻起，就不断主张要政党改革与政党民主化。然而，党却不为所动，她感觉自己的面前就好像横了一座无法移动的山。事实上，这确实是握有党权的人非常难以抉择的事情。因为一旦改革，掌权者手上的权力就会大大减少。

即使后来，朴槿惠成为大国家党代表的时候，当决心要将过去一直以来的主张付诸实行时，也遇到了种种困难。但是她觉得如果没有人来做这些的话，那么政党永远是私党，国民所选出的国会议员也将沦落成只会举手的举手器罢了。

她将之前一直主张的政策政党、院内政党、数位政党三大目标一一实践。为了建立院内政党，首先必须要做的是改变议员总会，议员总会的缩写是“议总”。当党里有必须决定的重要事项时，议员全体聚集一起决定党未来的会议，就是议总。

首先必须改变的是议总会场的会议形式。之前是党总裁或党代表通常坐在台上的大椅子上，面对议员们进行会议。但她撤掉了那张椅子，开始把党代表也当作一名普通的议员。她这样的做法，让党内的气氛发生了很大的变化，那就是使原本权威式的气氛消失了，以前那些才当选的议员都不敢在前辈议员面前直接阐述自己的想法，但是现在他们却敢这样做了。

这样一来，以前安静的会场逐渐变成像菜市场一样吵闹。之前的议总是指导部决定事情后，然后由议员总会表决这样走过场的形式，到了朴槿惠的时代却完全发生了变化。现在如果没有经过议总，指导部就任意发表事项的话，那么在下一次议总的时候，指导部就会遭到声讨。

在议总会场里，因为彼此观点不同，出现争吵是在所难免的事情。所以，有些记者这样说："看你们大国家党议总，我似乎在看一部美国的西部片。"

选择走一条与别人不同的道路，朴槿惠注定要承受别人无法承受得了的孤独与寂寞。其实，承受孤独和寂寞这些都是小事，因为当你选择走一条跟别人不一样的路的时候，别人往往就会嘲笑你、侮辱你。这个时候，你需要拥有一颗强大的包容之心，把别人的打击当成自己前进的动力。

世上的很多事情如果只是在现有的规定框架内去做，那么就会毫不费力。但这样却无法实现创新或改变，也无法取得进步。朴槿惠选择了这种与现有的政治传统做斗争的艰难之路，是因为她志在实现新的改变。

政党改革最重要的一点就是放弃公荐权。因此，有不少人说她傻，把手上的提名权放弃掉。跟随她的人纷纷劝道："政治不是那样搞的。只是做做样子，照顾自己的人。"

"政治是将自己派系养大，将来才能做大事，不是吗？政治只不过是一场一场的秀啊!"

有些人板起脸孔，有些人生气，有些人试着说服她。但是她觉得，如果党代表每到选举都拥有决定候选人的莫大影响力，那么这个政党势必成为党代表的个人私党。这不是她所追求的政治，她不会改变自己的信念，即使自己会吃亏。

恐怕没有多少人能做到像朴槿惠这样，甘于把自己手中的权力分给别人，但她却做到了，这就是她的伟大之处。在她当党代表的这段期间，选了四次再补选，她也一概不介入公荐。所以，大国家党的不分区比例代表都是各领域最优秀的专家。

当然，她改革也遇到了很多困难。比如2006年地方选举后，她把公荐权放给市、都的党部。在这过程中出现了不少问题，因为没有能力的人也受到推举了、当地委员长收到了贿赂，爆出了许多许多的消息。但朴槿惠觉得，不管是什么制度，一开始难免会遇到一些问题，但只要方向正确，修正副作用即可。如果一开始就担心副作用而什么事都不做，那改革将会还没开始就已经结束，也就没有必要再谈什么改革了。

朴槿惠能成为今天韩国社会聚光灯下一位闪亮的女性人物，这跟她异于常人的思维和想法有很大关系。朴槿惠虽然是女性，但是她却能够左右国家政策，在国政运营上发挥不亚于任何男性的强大影响力。她成功的秘诀跟“与众不同的思考和行动”有着莫大的关系。

朴槿惠之所以敢于走一条不同于别人的路，这跟她的父亲朴正熙总统的教诲有一定的关系。有一次，朴正熙总统对她说：“槿惠啊！领导者必须要懂得开辟艰难的路，同时也得有自己的主见，就算被人侮辱，也不可以害怕那些人，莫忘当初选择走的路。”

选择走一条别人没有走过的路，这条路上充满了未知，也充满了危险，而且在这条未知的道路上，你必须投入全部的精力，才有可能走完，到达胜利的尽头。但是，正因为你选择了走这么一条路，你才走向真正的不平凡。

这个道理，爱因斯坦的故事最能体现了。

爱因斯坦在瑞士苏黎世联邦工业大学求学的时候，问了他的导师数学家闵科夫斯基一个问题："一个人究竟怎样才能在人生道路上留下自己的闪光足迹？"

一向才思敏捷的闵科夫斯基却被问住了，他想了三天，才想到了如何回答爱因斯坦。他把爱因斯坦带到了一处建筑工地上，然后径直踏上了建筑工人刚刚铺平的水泥地面。接着，他们两人被建筑工人臭骂了一顿，他们俩马上向建筑工人道歉。

爱因斯坦知道老师这样做一定有深意，可是一下子又想不出个所以然，所以只好问："老师，你不是让我误入歧途吧？"

"对！""闵科夫斯基非常专注地说："只有这样的歧途，才能留下足迹！"然后他又解释说："要想取得比别人更大的成就，那就需要走一条别人没有走过的路，就好像刚才我们踏上了刚刚铺平的水泥地面。所有的人都没有踏上去，但我们踏上去了，结果留下了深深的脚印。"

听到这里，爱因斯坦沉思良久，非常感激地对闵科夫斯基说："恩师，我明白您的意思了！"从此，爱因斯坦常用别人不敢想或者不敢尝试的方式进行科学研究。在他刚刚26岁的时候，就提出并建立了狭义相对论，为人类做出了卓越的贡献，他也因此站在了科学界的顶端。

也许我们都是普通得不能再普通的人，不知道究竟如何才能创新，但是一定要做一个与众不同的人。我们可以没有惊天动地的举动，但很多小事只要做了，也能让我们显得跟别人不一样。别人不能吃的苦，但我们能；别人不能做、不想做的事，我们要努力去尝试。只要敢于绽放，野百合也有自己的春天；只要找准自己的方向，咸鱼也有翻身的一天。一切皆因为创新，做一个敢于走别人没有走过的路的自己，一个独特的自己。

当无数人都在按着别人统一的方式思考的时候，如果你用自己独有的方式思考问题，那么这就是你的进步。创新是社会的需求，因为创新真正在满足自己也满足社会的需求。创新也许不是每个人都能学来的，但是每个人一定要有创新的意愿，并敢于创新。

有什么样的思路就有什么样的人生，思路决定了一个人的出路。失败常常不是因为我们不具备这样的实力，而是因为在自己的心里默认了一个不可跨越的高度限制。只要我们还心存梦想，希望改变！勇敢一点、坚定一点、改变一点，我们就能走出一条跟别人不一样的路，取得别人无法取得的成就。

## 流泪也要有资格

很多人都会这样认为，付出就应该有回报，但是这个世界上有什么事情是总按照“应该是”的样子发展的呢。于是，有的人在追求梦想的路上遇到困难，退缩了，最后路只走了一半，便放弃了，留下了无数的遗憾。面对那个自己付出很多但已经逝去的目标，能够做到若无其事的人，毕竟不多。既然如此，那当初为何要随随便便就放弃。既然选择，就要勇敢地坚持下去，即使最后放弃，也要让自己和别人知道，自己有流泪的资格，这样才不会给人生留下任何遗憾。

在担任大国家党代表的两年三个月期间，朴槿惠经历了四次的再补选选举。所有的选举都很辛苦，其中最为辛苦的是2005年的两次再补选选举。

现在我们来看看2005年“4・30”的补选。

2005年的“4・30”再补选，是包括京畿城南中院区、忠南牙山市、庆北永川市、庆南金海市甲区等四个地区的选举。城南中院区是大国家党从未赢过的地区，牙山市是大国家党的弱势区，永川市的大国家党候选人支持度少执政党百分之三十，金海市则是当时总统的故乡。这次选举对于大国家党来说，面临的形势非常恶劣。

虽然所有人都不怎么看好大国家党的补选，但是朴槿惠仍然抱着一定要取得胜利的决心。为了直接和国民见面，为了获得国民的支持，她每个地区至少仔细扫街拜票五次以上，一天只睡两小时，到后来，嘴唇都破了，甚至还因过度疲劳的行程在拜票时差点累晕过去。因为跟太多人握了手，导致双手红肿，手腕也酸疼不已，尽管用了各种方式消肿，但是手依然没有退肿，到了最后连筷子和汤匙都拿不了。

到了选举前5天，她的手不得不缠上了绷带。由于她需要马不停蹄地赶往各地演说，她的小腿也抽了筋，只好抹上药水继续前行。

朴槿惠说："虽然有那么多的痛苦，但是作为大国家党的代表，有责任和义务像母亲照顾孩子一样不辞辛苦。"

这些选区当中，庆北永川市是竞争最激烈的。开放国民党候选人邓东润比大国家党候选人郑熙秀多了两位数的支持率遥遥领先。人们都认为大国家党绝对不可能在庆北永川市获得胜利。

之所以会出现这样的情况，是因为大国家党的选举人违反了选举法，市长因为贪污受贿而造成了职位空缺。作为大国家党代表的朴槿惠应该及时地对这些事件做出说明，但是由于她实在太忙了，抽不出身来做出行动，所以，当地的选民就埋怨说，大国家党只需要大家的选票，却漠视这里的选民。

就在这个时候，开放国民党的候选人充分利用了这个机会，得到了选民们的大力支持。当时的大国家党党内还有这样的声音："庆北出现了这样的事情，我们又怎么能赢呢？"但朴槿惠做出了一个决定，全力支持郑熙秀候选人。就在她做了这个决定后，她的助理群中的一位秘书在永川给她打电话说："代表，我们得放弃永川之行了，即使您很努力帮忙助选，也很可能会落选，所以干脆别去比较好。"这位秘书是永川出身的，在永川调查了许久，才慎重地给朴槿惠打来劝阻的电话。

但是，朴槿惠觉得无法那么做。因此，选举活动一开始，她就前往永川。她像自己竞选一样，到处拜票，直接跟每一位乡民们见面。她对选民们真诚地道歉，并且希望他们再给大国家党一次机会。当时朴槿惠是以不外宿闻名的政治人，但是为了选举的胜利，这样的原则却在永川打破。因为必须拜票到很晚，所以只好到永川党员们的家中借宿，她住的两个家庭都是很简朴但温馨幸福的家庭。也不知消息是如何传开的，后来每次她深夜回去借宿家庭时，附近居民都会热情出来迎接。也因此，她感到很欣慰。

到了竞选中期，选举情势仍然没有多大的改变。中央党指导部会议上不少人都提议放弃永川。选举前一天，大国家党自己的民调显示还差百分之五，党内纷纷有人主张都已经那么辛苦却还赢不了，就放弃永川吧，到其他地区拼选票才对。

然而，朴槿惠立刻表明，越是困难的选举越要坚持到底。竞选活动最后一天早上，朴槿惠上午去了其他地方，回来后助手们问她先去其他地区下午再去永川，还是马上去永川。

朴槿惠坚决地说："我现在就去永川，请准备一下。永川一定要赢。"

当时的党内有这样的声音，对永川那么努力，如果输了，势必会传出朴槿惠没有力量的批评。但是朴槿惠却认为尽全力做到最好，哪怕最后仍然输了，她也不会有任何遗憾。

在选举最后一天的晚上12点，她在永川的一所公寓里结束了自己的选举演说，这也是她最后的机会。结果公布的那一天，所有人都没有想到的是，大国家党竟然奇迹般赢得了这次选举的胜利。

很多时候，我们认为无法取得胜利，大脑里产生了很多消极的念头，这些念头不断地告诉我们，只要放弃了，就能脱离伤痛。

但是当我们真的放弃了，就一定会开心吗？除非你找到了一条真正适合自己的路，那你是应该为放弃而高兴，因为你找到了你人生中最正确的事情。比如有个五音不全的人想成为一名歌手，恐怕他付出一辈子也无法实现这个梦想，但他非常适合做厨师，因为他做的菜很受欢迎，所以，最适合他的路，也许是开一家饭店。

所以，他在追求梦想的途中放弃去成为一名歌手，而成为一家饭店老板也没有什么不可以的。当然，他也没有必要真正放弃自己当歌手的梦想，因为他仍然可以自信地唱歌给身边的人听。记得著名音乐人高晓松对一个追寻当歌手的梦想但是自身又没那个能力的人说过这么一句话："其实，你已经实现了梦想，因为你能从你的音乐里感觉到快乐。"

追寻梦想的道路上，有很多让我们痛苦的事情，即使有如此多的痛苦，但我们依然能感觉到快乐。尤其是我们实现梦想后，那种快乐的滋味是无法用言语形容的。所以，如果你真的没有能力实现你的梦想，但是能从中体会到真正的快乐的话，那么梦想也许在你的心中早已经实现了。

该放弃，就放弃。朴槿惠的语录里有这么一句话："我不知道要不要听'道德公主'这样的话，但是认为人生中最重要的事，是如何正确、明智地活着。"说的就是该放弃的就要放弃，该坚持就一定要坚持。

但对于大多数人来说，他们做的最正确的事情，却不是放弃，而是继续坚持他们当下所选择的路，因为他们选择梦想的时候，都是经过对自己的兴趣爱好和自身条件综合考虑后才选择的，也就是说，他们此时所追寻的梦想是他们最有把握能实现，同样也是最能体现他们人生价值的，所以即使放弃了也不会开心，他们心中会留下些许遗憾。等他们越来越老的时候，在午夜梦中醒来时，也许就会不断地问自己，如果当初再继续坚持一下，是不是会有所改变呢。

2001年4月朴槿惠在梨花女子大学做了题为"女性、职业与领导能力"的特别演说，演说里有这么一句话："享受自己好不容易得到的自由与内心的平和固然重要，但是如果自己有能力让国家繁荣富强，让国民幸福的话，自己不也很幸福吗？

"岁月是转瞬即逝的东西，当人活到50岁、60岁或70岁离开这个世界，抵达自己的极乐世界时，恐怕不少人会这样指责自己说，很后悔当时自己没有能再勇敢一点，没有对国家做出任何贡献。在没有任何准备的情况下，在组织没有资金的情况下，我参加了选举，就这样，我第一次颇费周折地参加了人生第一次补缺选举。”

人生贵在坚持，不坚持就无法获得成功。我们可以在追求梦想的道路上放弃，因为有些梦想，我们付出很多，仍然无法跟梦想靠近，可是我们即使要放弃也要让自己有流泪的资格，不让人生留下任何一丝遗憾。

朴槿惠是一个很有智慧的人，她知道，这个世界上不是所有的事情付出就应该有回报，就好像不是所有的花都能结果一样。但她更知道只要继续拼搏，就有可能扭转局面，所以，她即使知道很可能会输，但不到知道结果的那一刻，仍然不会放弃。她在自己的随笔文集《点滴的人生》中写道：

据说，海龟是动物中当之无愧的老寿星，它的一生中会产卵四千多个，但是幼海龟成活的概率只有千分之一。所以哪怕其中只有两只能够存活下来，也算是成功的。海龟只能在大海里才能生存，每一个刚出世的小海龟要想爬到大海里，都要经历一次又一次的大冒险。海鸥、白鹳以及周围的动物都会将它们作为食物，它们的危机无处不在。就算它们能幸运地进入大海，也会被水中的鱼儿吃掉很多。

家中院子里的柿子树，每年都会开出我们数也数不清的柿子花。它们还没有结成果子的时候，就要被风吹落许多。这些黯然凋零的花朵让我们觉得无比的可惜。

同样，就算结出了果实，也有很多不能坚持到最后成熟红透就跌落到地上的。就在担心还有没有柿子能够坚持到最终成熟时，窗外突然传来“咚”的一声，又一只柿子跌落在地上了。这是跌落下来的柿子再跟我告别。经过这个残酷过程却仍然能够挂在树枝上的果实才是最终的胜利者，只有它们才能最终体会到成熟的喜悦。

朴槿惠很欣赏能爬到大海里的海龟和能结成甜美果实的柿子花，她在不断地鼓励自己，即使自己很有可能会输，也要拼尽全力去坚持。她认为只有在这个痛苦的关口坚持下去，能智慧应对并且活下去的人才能最终达到自己的目标，获得成功和幸福的人生。

从这点来看，朴槿惠在人生路上经历了太多的危险和痛苦。但是，她比任何人都懂得如何坚持，如何胜利。她希望自己是一个在千百次失败和挫折中依然能再次站起来的不倒翁，这是她的伟大之处，也是我们应该学习的地方。

## 磨难是幸运的开始

2006年5月20日，对于很多人来说，这是一个普通得不能再普通的日子，但是对于朴槿惠来说，这个日子有点特别，她的自传里说："这是我重生的日子，这一天我开始了第二次生命。"

究竟是什么原因，让朴槿惠有这么大的感触，原来这一天，有人要"刺杀"她，她自己也认为，那一次事件是这辈子最接近死亡的一次经历。

那是2006年韩国"5 · 31"地方选举的前十天，朴槿惠在首尔新村十字路口帮首尔市长候选人吴世勋站台拉票，正当主持人介绍完，她准备登台演讲时，一个男子冲上了讲台。朴槿惠根本还没反应过来，对方就用一把文具刀划向了她的脖子，一瞬间，她的脸从右边的耳朵到脸颊被划开了一个长达11厘米的伤口，伤口深达11厘米。在这样混乱的情况下，朴槿惠依然很镇定地用手捂住伤口，想要继续自己的演说活动。她当时决绝的背影让我们一辈子都无法忘怀。

在受伤后的3个小时内，她在医院接受了整形缝合手术，而她走出手术室后的第一句话居然是："大田的选举情况怎么样?"

大国家党代表秘书长刘正福议员当时也正在现场，他对这一幕记忆犹新。他曾经对记者说："当时，朴代表处理这件事很沉着，好像根本没有发生什么事情一样。我赶到医院急救室时，才发现她脸上有一道超过11厘米的口子，鲜血直流，让人心惊胆战。现场惊慌失措的工作人员被吓得不知道该如何是好。没想到

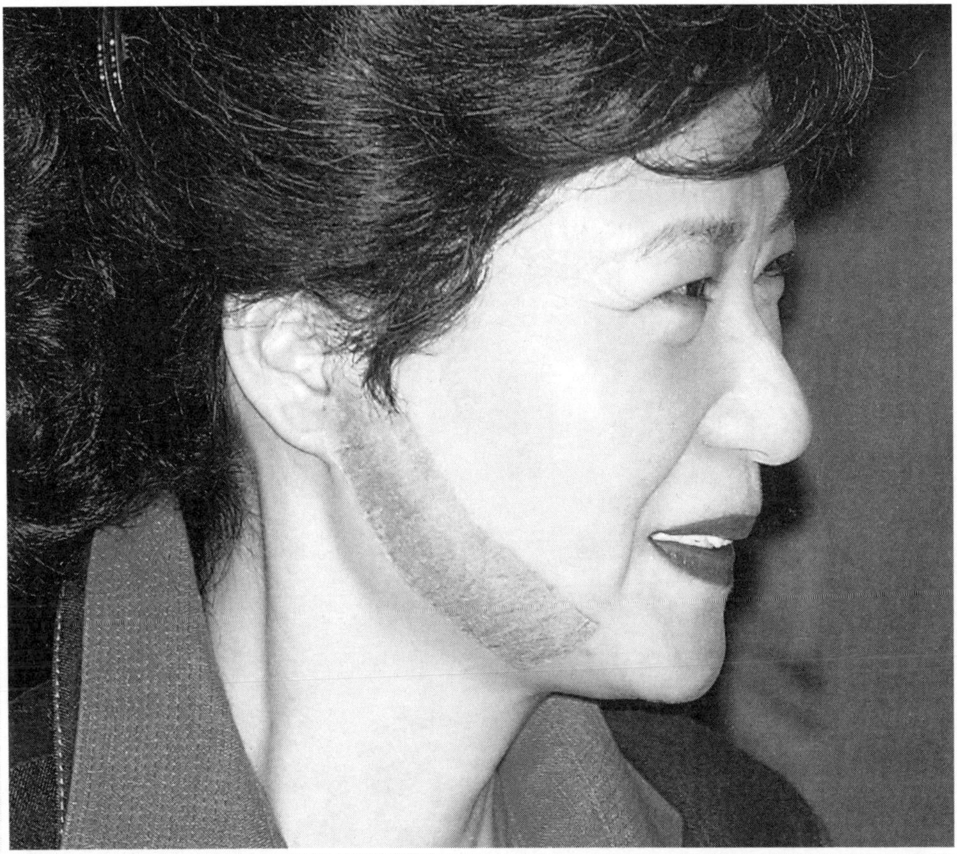

朴槿惠遭袭，右脸被割伤，伤口长达11厘米。遇刺后，朴槿惠镇定地用手捂住伤口，仍想发表讲话。

朴代表还不断地用‘吓了你们一大跳吧’‘我自己不要紧’等话来安慰大家。进手术室时，她对我们说现在正是选举的关键时刻，希望党内毫不动摇地支持这次选举。”

受伤后的朴槿惠非常淡定，淡定得似乎有些让我们惊讶，恐怕没有多少人能在当时的情况下依然能保持如此的淡定，我们从心里对她感到佩服。受伤后，她不是想着如何医治，而是首先想到尽自己最大的努力把演讲讲完。她对自己的工作就是如此的负责。

朴槿惠对党和国家是绝对的忠诚和敬业的，从上面的这个故事，我们就可以看得出来。她高尚的品德，得到上天的宠幸，据当时的主治医生说：“朴槿惠非常幸运，如果当时被美工刀划下的时候，不是有所偏斜，而是直线下去的话，她的面部神经绝对会受损，可能今后都会无法闭上眼睛和嘴巴。再者，伤口不偏不倚刚好停在距离颈部动脉5毫米的地方，要是再深那么一点点，她很有可能在几分钟内因大出血而死亡。”

也许有人会说，这只不过是一次小事件罢了，根本谈不上刺杀，算不了什么。但是仔细分析，就会发现很多问题：如果当时，她感觉到疼痛后，不是赶紧用手压住血管的话，也许还没到医院可能就因为失血过多而身亡了；如果事发地点不是在延世大学医院附近，事发的时间段手术室又恰好有空床位，而且当时韩国操作此类手术最权威的专家卓官哲博士恰巧在国内并及时赶回医院亲自操刀主持手术，恐怕朴槿惠即使不会因此失去生命，也很可能因伤而不得不退出政坛。

从朴槿惠来到这个世界那一刻起，上天除了给了她一个不错的家庭外，似乎从来就没有再给过朴槿惠任何特殊照顾，相反给了她比常人多几倍的磨难。出院那天，有人问她在手术台上最先想起的人是谁。她犹豫了一下，心情显得很沉重，也没有说更多的话。她只平淡地说，她最先想起的是自己的父母，因为他们两人都是饮弹而亡。

5月29日她出院的那一天，她却对国民和记者说了一番意味深长的话：

“经历了这次事件，我觉得自己余下的人生是上天馈赠于我的。为了报答，为了让国民幸福和国家富强，我愿倾尽自己所有的一切。”

朴槿惠面对困难从没有退缩，国民都见证了她的努力付出。她之所以能得到国民的拥戴，都是她一步一步努力换来的，她值得拥有。

英国文豪莎士比亚曾说：“患难可以试验一个人的品格，非常的境遇方可以显出非常的气节。”只有经历过困难磨炼的人，最终才能得到幸运的垂青。

还记得这么一个故事吗?

他出生在德国一个穷苦人家庭里，父亲嗜酒如命，不顾家人的死活。他的童年总是生活在不安和恐惧当中。12岁的他选择了逃脱父亲的魔爪，独自一人去找当时著名的风琴师尼福学习音乐。从那时候起，他表现出了过人的音乐天赋。有一次，莫扎特听过他的演奏后，对身边的人说，这个孩子将来要震动全世界。

但是不幸的消息再次降临，正当他在音乐之都维也纳的事业逐渐好转的时候，传来母亲不幸逝世的消息，17岁的他只能返回家乡。

5年后，他终于可以再次来到维也纳实现自己的梦想，并写出了备受推崇的《欢乐颂》，迎来了自己事业的春天，然而厄运并没有放过他。命运无情地剥夺了他的听力，在他迎来自己事业春天的时候，他发现自己的耳朵逐渐地失聪……

他就是钢琴家贝多芬。

磨难是有价值的，花多少钱都买不回我们成长的机会，除非我们经历了若干痛苦。对此，朴槿惠说：“我相信，越是深重的痛苦，越能带来伟大的胜利。”是的，一个人如果经历过越多越重的痛苦，那么他成长的速度就会越快，最后取得的成功也会越大。拿破仑有一句名言，也能说明这个道理：“最令你痛苦的时候，也就是离成功不远的时候。”但是许多人本来应该取得巨大的成就，却因为小小的磨难，最终与成功失之交臂！这不得不让我们感到叹息。

黑夜给了我们黑色的眼睛，我们用它来寻找光明。在苦难面前，我们不能抛弃自己的信念，要积极进取，乐观向上，尽自己最大的力量争取成功。就算不成功，那也实现了自己的人生价值。即使不成功，但我们还有流泪的资格，没有白来过，我们曾真正地活过，奋斗过。

## 就当人生又多走了几步

2007年8月20日，对于朴槿惠来说，这是一个重要的日子，这是朴槿惠第一次党内竞选总统候选人。大国家党在首尔蚕室体操竞技场召开了全党大会，在会上党员们进行了对党内总统候选人的投票。当时朴槿惠获得了78632票，李明博是81084票，最终李明博以领先1.5%的优势获得胜利。朴槿惠败选，与李明博仅差2000多票。

当选举活动结束，朴槿惠走上讲坛致闭幕词时，刚刚还吵吵嚷嚷的会场顿时变得鸦雀无声，周围一片肃静。所有人都想知道刚刚选举失败的朴槿惠到底要说什么。15000多名党员或许对选举结果有些不服，眼神里分明带着几许失望和担心。

站在演讲台上的朴槿惠并没有任何沮丧，反而镇定地说："我，朴槿惠，承认竞选失败。我真心接受这个结果，并表示对结果心服口服。今后，我会尽自己作为一名党员的职责，支持李明博总统候选人。我会为实现政权的交替而像李舜臣将军那样'白衣从军'，奋斗到底!"

瞬间，会场响起了雷鸣般的掌声。因为朴槿惠选举失败而为她担心的人听到这些话后，也纷纷露出了微笑。朴槿惠面对如此大的失败，却丝毫没有变化的表情让人由衷地敬畏。要知道，如果她获得胜利，她就可以实现自己的政治理想。恐怕任何人都很难接受，仅仅只差一小步，就可以实现理想。但是，朴槿惠却坦然地接受了一切。

"拜托大家，请忘记今天的一切！如果现在不能很快忘记的话，就请大家几天后或是几个月后忘记这一切！”朴槿惠的这些话，体现出了她是一个正直的人，同样表现出她的心里也有一些忧愁。失利的那天，她自始至终没有流过一滴眼泪，也许是因为她在年轻的时候，已经把眼泪流干了。她似乎告诉了我们一个道理：忘记付出，就是最大的拥有。

据说败选后的第二天，40多名阵营内议员来到江南区三成洞朴槿惠的住宅安慰她，谈话的时候，不少人当场就抑制不住自己的感情，“呜呜”地号啕大哭。可朴槿惠始终面带微笑，还开玩笑说：“我把男子汉们都弄哭了。”

在追寻梦想的道路上，每个人失败的理由有很多，但是深究的话就是在于不肯坚持，其实只要仔细观察就会发现许多失败者和成功者仅仅只有微弱的差距。在韩国第17届总统大选中，朴槿惠遇到挫折，但她没觉得这就是人生的失败。经历了那么多的痛苦的她，早已经深深地懂得，经历了挫折才会变得更加有希望。这就是朴槿惠跟别人不一样的地方。

记得鲁迅先生说过这么一句话：“世界上本没有路，走的人多了便成了路。”这句话很有哲理。朴槿惠说过一句跟鲁迅先生相似的话，也非常有哲理：“世界上本没有路，是因为有了坚持远行的脚步，才出现了路。”

朴槿惠的特点之一，是失败了还能坚持下去，失败了，这能代表什么呢，只不过是代表自己有所不足，但并不能说明会一直失败下去。失败了，只不过是让自己多走几步路而已，没有什么大不了的。在她看来，人活着的目的就是为了完成自己的目标而坚持不懈地努力，哪怕遇到再大的困难、再大的悲剧。她经历了别人不曾经历的悲剧性变故，也尝尽了世间的辛酸冷暖，她说：“痛苦，让我知道我还活着。”

恐怕没有人比她更能了解痛苦了，她认为痛苦会给人生带来宝贵的经验和财富，她所能做的唯有将其转化为前进的动力和能量。成功在于坚持，坚持是最难的事，因为真正能做到的，终究是少数人。正如古罗马著名学者塞涅卡所说：“不是因为这些事情难以做到，我们才失去信心，是因为我们失去信心，这些事才难以做到。”

但朴槿惠却不会因为挫折而失去信心，她只会当作是自己多走几步路而已，再说，多走几步，又有什么不好，在这几步里，她会让自己变得更加强大。朴槿惠说：“即使再痛苦我也要向目标前进。因为当我没有完成命运赋予我的责任和使命时会更加痛苦。”这就是她的信念，即使失败多次，也不会丢失信念。

有一则故事，说的是有只青蛙，它所居住的池塘面临干涸的危机。它必须在此之前找到新的水源地，于是它想到了地下水，就找来铲子，挖呀挖，挖了很久很久。它挖不动了，它遇到了一块大石头，它彻底泄气，灰头土脸地回到了干涸的池塘，但它不知道，那块大石头下面，就是足够充沛的泉水。

青蛙为什么就不能再坚持一会儿呢？这则寓言故事正好也映射了我们的生活：在这个竞争激烈的社会里，摸爬滚打的人，哪一个不像这只青蛙，急于找到能滋养自己的水源，奋力挖掘自己的潜能，挖掘生活中所能抓住的所有机遇。在途中总有一些“大石头”似的困难出现，有的人坚持不放弃，成功了；有的人则灰头土脸地回到原点，把自己以往的努力付之一炬，这就是所谓的失败。其实失败并不应该叫作“成功之母”，它应该有另一个名字：石头面前的懦弱。

这一点，朴槿惠深有感触，她说：“成功就类似于第101次的凿石。”但她也不忘指出，并不是第101次锤头一经挥下，就一定会带来成功。

我们需要清醒的知道，大山石能一分为二，并不完全是因为这第101次的敲打。如果没有前面100次的敲打，它是不会轻易裂开的。换言之，在获得成功之前，所有的努力和付出都是在为成功铺垫道路。

那么面对人生中的“大石头”，我们该怎么办呢？这里有一个不错的办法：忘了自己的身份，忘了所有痛苦的、快乐的经历，一切清零。就像朴槿惠选举失败时所说的那样，忘记吧。在你面对困难的时候，忘了自己曾得到过什么，曾付出过什么，这样我们就不会失去对未来的信心。

在人生路上，有大大小小不计其数的困难，包括你现在正在做的事情，也是一个小小的困难，我们都需要暂时遗忘自己，做到忘我的全神贯注，遇石头搬石头、遇洪流闯洪流，坚定地相信自己一定能看到柳暗花明的风景。

话说回来，失败了又怎么样，失败只不过是比别人多走几步路罢了。其实，人人都可以成为“奇人”，但这不可能是一瞬间就能做到的事，必须与自己的生活、与整日和自己打交道的道具磨合，这期间肯定会遭到很多失败，如果你不惧困难，如果你一次次超越自己，那么你就有可能获得最后的成功。

对于人生，优秀的人喜欢把它比喻成一场旅行，然后用自己的眼睛去欣赏自己认为最美丽的风景。但真正的伟人，他们还不止这样，他们坚信，只要坚持向前走，会遇到更美的风景，自己也会变成别人眼中最美丽的风景。所以，让我们互相加油，一起向前走下去吧！只要坚持了，我们也能走向不平凡。

## 未来终究是个谜，不必过于恐惧

现在社会上有很多人用明天的钱圆今天的梦，许多人都觉得他们很可怜，那么你能想到比他们更可怜的人吗？有，那就是提前体验明天的痛苦的人，他们不仅可怜，而且还很可悲。

朴槿惠提到：

人生中最大的痛苦就是来自于我们内心的恐惧。本来我们遇到的事情并不算是什么，但是由于内心的恐惧，却容易把它想成了似乎天要塌下来一样。恐惧绊住了我们的手脚，让我们活在痛苦当中。

罪恶和错误往往是恐惧最好的伙伴，它们往往会合起伙来一起将人困住。因此我们绝对不能靠近这些可怕的东西。

人是一种很奇怪的动物，奇怪的主要体现就是人拥有复杂的思想。而这些思想当中恐惧的思想是最让人可悲的。本来就不是多大的事儿，偏偏让你感觉到好像天都塌下来了，这不就是自己搬起石头砸自己吗？

现在的人一谈到未来，内心就充满恐惧。

对一些人而言，恐惧成了他们赢得未来、赢得人生的头号敌人。害怕被拒绝，害怕面对现实，害怕别人的想法，害怕失败，甚至害怕成功。

学生恐惧升学，恐惧未来的梦想能否实现；要结婚的人一听到车房问题，结婚成本要数十万元，就恐惧一生能否有幸福的婚姻；上班族恐惧是否有稳定的工作和满意的收入；中年人谈到养老金的问题，就恐惧退休后生活是否有保障。这样看来，因为恐惧，我们的人生以及我们所处的世界似乎糟糕透顶了。

这一切都没有什么好恐惧的，买不起房，并不是结不了婚，其实结婚又不是一定要买房。每个人都应该选择最适合自己的方式去快乐地生活，而不是因为恐惧而痛苦地生活。恐惧没有一份稳定和满意的工作，而你现在不努力，那么永远也只能活在恐惧当中，你需要做的就是做好当下的一切。难道没有一份稳定和满意的工作就不活了吗？人一定要向前看，这是很有道理的，但是我们却不能把明天的痛苦让今天来品尝。

很多人说，只要我将来有了很多钱，我就不会恐惧了。那么是不是一个人有钱了，就能活得幸福呢？有一个公司的大老板说："这些年来，我日以继夜地工作，钱是大笔大笔的赚，拥有了数栋豪宅，该有的名车精品也不缺，曾以为这样就是幸福，但每当夜阑人静时，却还是要借酒入梦。突然间觉得孤单不已，一直渴盼的家庭的温馨，却因事业而一再错过，如今才明白，钱再多也赶不走空虚，原来我比你要穷的多。"

人真的没有必要恐惧那么多，人最应该做的事情就是珍惜当下。

朴槿惠很喜欢马丁·路德的一句很有哲理的话："即使世界明天就要结束，我也要种好我的小苹果树。"这句话的含义，就是要我们好好地珍惜当下，享受当下。其实，也只有好好地做好当下的事情，才能应对未来的变化。

正如朴槿惠所说："人变得脆弱或不幸的原因就是，任何时候只是一味地追求幸福。哪怕一点点的不幸，心里都容忍不下。这其实是很愚蠢的做法。”

未来并不可怕，可怕的是你不知道如何做好充足的准备去面对未来。相信不少人都看过《当幸福来敲门》这部电影，电影里克里斯·加德纳的妻子在他最穷困潦倒的时候对他说：“我感觉不到幸福。”尽管克里斯不断地为她的幸福而努力工作，但她仍然感觉不到幸福。最终，她选择离开了丈夫和孩子。她的离开绝对不是爱慕虚荣，她已经为这个家付出很多很多，从她电话里的呜咽声就能感觉得到。其实，只要她坚持等待丈夫事业有成，一切就会改变。但是，又有多少人能坚持得到呢？因为对未来的恐惧，所以，退缩了。

未来终究是个谜，它并不可怕，说到底，其实都是我们自己不敢去相信幸福并不遥远。那么我们该怎么办？最重要的是需要我们对自己有足够的自信，不要逃避，珍惜当下。当你勇敢面对一切的时候，生活的不如意就会慢慢地过去。

第九章

# 自强，人生只有自己可以依靠

如果将耸立于地上的这棵枝繁叶茂的大树比喻为人，
那么在地下默默支撑并供给其养分的根基就是人的努力。
具体来讲，就是克己与节制、修养与学习、奉献与牺牲……

——朴槿惠

## 人生是一场与自己的战争

人生最大的敌人是自己。人要想超越他人，要想成功，就必须先超越自己，战胜自己的意识、信心和外界的一切压力。朴槿惠很是赞同这点。她曾对战胜自己有详细的记述：

长时间在保护状态下生活的人，要想真正摆脱周围的框框架架生活的话，很容易陷入真正的悲惨的绝境。只要他们在这个世界里遇到一丁点挫折，就会感到万事不顺，而这期间，最重要就是要控制自己的情绪，但他们却把解决问题的忍耐性给扔在了一边。他们不会平息自己内心的愤怒，遇事后就会觉得自己非常的委屈，所以他们所做的事情通常会半路夭折。这就像是应该踩刹车的时候却踩了油门一样。

那么他们最后会变成什么样的人呢？

他们会变得自暴自弃，甚至会变得很卑鄙。其实，所谓的人生说到底就是一场战争。如果单从表面来看，这是一场与别人的战争；但从根本上来看，实际上是一场与自己的战争。

从这个意义上来讲，不管是谁，如果不能调节自己的感情，不能让自己屈服，绝不能自负地称自己是人生胜利者。

不受诱惑，不让愤怒控制自己，拥有忍耐力，艰难之时始终都能拥有斗志，失败仍然奋起，面对成功和赞美也不浮夸、不骄傲自满，等等，都是一个人所需要的品质。

动不动就指责别人、喜欢埋怨的人，是对自己没有自信的表现。不管遇到什么事，只要拥有足够的智慧和勇气，对人生就不会后悔和羡慕。最让人感觉到为难的事情就是自责。很多人为了避免责任都喜欢在犯了错误后给自己找很多理由或者把责任转嫁给别人。

在朴槿惠看来，这个世界上真正的对手并不是别人，而是自己。如果一个人能把自己战胜了，那么他就能不断完善自己，从而变得更加强大。

正如朴槿惠所说的那样，人生注定是一场战争，乍看起来像是与他人的战争，其实，这是一场和自己的战争。所谓人生的胜利，就是战胜自己。对于战胜了自己的人来说，谁都不是他的对手。

有一个拳手出师比赛后，一直以来都是获胜。但是有一天，他被另一个拳手打败了。在赛场上，他发现这个对手没有一点弱点。失败后，他就急忙地去寻找自己的师父，问他怎么才能发现对手的弱点。

师父说，如果你发现不了对手的弱点，那么就请你从此忘记这件事，你现在最重要的事情是如何提高自己的能力。

拳手很不理解，因为他的师父以前对他说，每次比赛的时候，最好要看看对方有什么弱点。但是，他还是听从了师父的话，日夜地训练。后来，当他再次参加比赛的时候，他战胜了那个曾经打败他的人。这个时候，他才真正地领悟到师父所说的话的真谛：当你能力足够强大的时候，你会发现，对手不管出任何招式都会露出破绽。

是的，我们完全没有必要努力地去寻找别人的弱点，如果我们不断地战胜自己，变得强大了，在我们看来，别人到处都是弱点，我们又怎么能被别人打败呢。其实，别人的一切都打不倒你，能打倒你的只有你自己。当一个人战胜了自我，他就是强大无比的。我们最大的敌人是自己，而不是别人。

人生注定是一场与自己的战争。而什么时候，我们最应该警惕自己呢。下面来自朴槿惠的《以苦难为友，以真实为灯》里的话，能给我们带来一些启示：

痛苦的时候，我们有一个非常的任务，就是要学会忍耐。做这件事比你成就一件伟大的事情和广施恩泽更有价值。

在人生的逆境中，学会了忍耐其实是为了学会谦虚，它时刻提醒你，在得意的时候，不要忘记那些曾经痛苦和悲惨的过去。

从这点来看，谦虚其实是比忍耐更难做到的。很多人都有这么一个弱点，就是在逆境的时候会感觉自己的缺陷和不足，觉得自己做事情会受到束缚，所以除了忍耐还是忍耐。其中有很多人战胜不了这种逆境而堕落，从此变得一蹶不振。但是当一切都变得一帆风顺的时候，人却很难克制自己骄傲的心理。由于没有了制约和束缚，稍不留意就会变得轻狂，谁也看不起。因此，战胜自己就是取得了人生最大的胜利。

在朴槿惠看来，困难的时候，我们要学会忍耐，给自己希望；一帆风顺的时候，我们要谦虚，克制自己的骄傲心理，尤其是要警惕自己的骄傲的心理。一个内心没有希望、自甘堕落的人，他们往往没有自杀的勇气，只会做一些自虐和浪费时间的事情，而等他年龄渐长或者经历一些事情后，他们就会慢慢地走出黑暗。而一个骄傲的人却容易闯下大祸，让自己栽个大跟头，再也难以爬起来。这样的例子历史上和现实中不胜枚举。比如前秦皇帝苻坚打败了北方的诸国，又打败了西域十六国，最后决心调集百万大军，乘势把东晋也一举予以消灭。结果，因为自己连连得胜，心高气傲，打了一场大败仗。不久后，他就被自己的部将给杀了，自己辛辛苦苦创建的前秦帝国也瞬间灭亡。

人生中最危险的时候就是陶醉于胜利的喜悦而不能自拔的时候。这时候我们需要战胜的对象不是别人而是自己。罗马帝国的崩溃不是因为敌人的打击，而是因为胜利之后内部的腐化和堕落。很多忠臣和将军在打败敌人获得胜利后被内部人陷害中伤，失去生命或者流放他乡。

世间万物均处在变化中，且有一定的趋势，好至极点则向差的一面转换，坏至极点则向好的一面转换，日中而落、月盈则亏就恰好能说明这个问题。最好的时候往往蕴含着最大的危机。

英国历史学家阿诺德·汤因比曾经指出："历史上绝大多数的成功是来自于那些生死一线的危机感，绝大多数的失败是源自于无限的荣光和惰愁。"这句话说得非常恰当。朴槿惠始终认为，一个人幸运与否，在一定程度上取决于一个人拥有多么高的智慧。你的智慧有限，所以在你变得自满的瞬间，你的成功就离你而去了。相反，即使你的能力不足，但拥有足够高的智慧，也能在生死一线的时刻，让自己获得意想不到的胜利。人的一生就是与自己作战的过程，战胜了自己，也就取得了人生最大的胜利。

## 战胜自己是不断超越自己的过程

战胜自己说起来很容易，但做起来却很难。你的同行业务不如你，却被提拔成了你的上司，你的心理平衡吗？你的上司在毫无理由的情况下狠狠地批评了你一顿，你还能处之泰然吗？你上学时候那个考试永远不及格的同学如今却开着香车宝马向你炫耀，你能无动于衷吗？……

是的，这个世界上有太多的诱惑、太多的陷阱、太多的玄机，让人琢磨不透、欲罢不能，让人深陷其中，不能自拔。但也正因为如此，才更需要你能做到战胜自己，让自己冷静平淡。但是我们如何才能做到战胜自己呢？

虽然我们无法从朴槿惠的文字里找到如何战胜自己的具体方法，但是她写的很多东西以及她的人生故事，都在告诉我们如何可以战胜自己。战胜自己最需要的是有强大的勇气和坚定的信念。想一想，日常生活中，你遇到困难的时候，是勇敢地面对的次数多，还是逃避的次数多。

一个人如果他勤奋，必然是他战胜了懒惰。懒惰是我们最大的敌人，很多事情都是因为懒惰而拖延下去，结果失败了。对于这一点，朴槿惠总是用她母亲说的话“早起的鸟儿有虫吃”来警醒自己。朴槿惠在做“第一夫人”的时候，一直告诫自己不能偷懒，否则受害的不仅仅是自己，更多的是国民。就这样她不断地战胜了自己，超越了自己。

当我们尝试一项新工作的时候，接触一个新环境的时候，应付一个新场面的时候，我们总会感觉有一股把自己向后拽的力量。于是，我们便会退缩地想：“还是安于现状吧”“太冒险了，我恐怕接受不了”“真没必要瞎折腾”。于是，就在这种消极的决定中，不知道多少宝贵的机会就这样流失了。很多自身条件很不错的人，本来只要稍微努力一下，就可以取得别人付出一辈子才能取得的成功，但是就是因为他们拥有这些消极的处事习惯，结果变得越来越平庸。相反，那些出生平凡的人却取得了比他们更大的成就。

朴槿惠很赏识檀国大学的一名女大学生，因为这名学生战胜了自己。

2006年8月15日，参加完光复节纪念典礼后，朴槿惠回到了家，突然发现自己家门口站着一个女孩，她是檀国大学的女大学生。这事让朴槿惠非常惊讶，因为父母之死的阴影，朴槿惠从未对外界公布过自己的家庭住址。

朴槿惠问这个女大学生是怎么找到这里的，来这里的目的是什么？这个女大学生回答道：“我是女学生总会的会长，我希望在我任期内一定要邀请到朴代表来演讲。代表是我们国家第一位最具有影响力的女性政治人，所以我一定要亲耳听到您的演讲。我不知道要跟谁联络，如果打电话一定不会转达，于是我就在网络上搜索新闻，看到有新闻提过您住在三星洞这里，于是我便来到这里找房屋中介询问，但是他们也不知道，所以我就一个一个地打听，终于打听到您的住处。今天是光复节，我看电视上报道朴代表您参加了纪念典礼，我想您晚上一定会回来，所以我就赶到这里，在这里等您。”

朴槿惠相信并不断超越自己。

女大学生的热情与聪明获得了朴槿惠的赞扬，朴槿惠答应了女大学生的要求。

战胜自己，就是超越自己。一个人战胜自己的次数越多，那么他就会越强大。

很多人总会抱怨人生的道路上有太多的敌人，包括学习中的沟壑，事业上坚挺的高山，生活中隐藏的陷阱。可是真正的敌人，不是在前面或者背后，而是我们自己。你要战胜各种困难，首先就要战胜自己。如果你连自己都无法战胜，又何谈战胜别人、战胜挫折呢？

每个人都知道公正廉洁是可敬的，贪欲自私是可耻的，但是如果事情发生在自己的身上，我们往往会承受到巨大的压力，这个时候，你还能控制得住自己吗？人这一生其实就是不断证明自我价值的过程，而要想证明自己的价值，就必须战胜自己，战胜自己的懦弱、自卑、冲动、痛苦等等。

朴槿惠认为人生就是一场战争，而我们的敌人只有我们自己，战胜了自己，便不会再惧怕任何人。朴槿惠做到了，她不管是处于人生的巅峰还是低谷，都没有被腐败或其他政治丑闻所连累。她是一个值得所有人佩服的人。

## 与其抱怨，不如反省

2004年3月24日，这是大国家党从十层高楼的党部搬到帐篷里的日子。

这是朴槿惠决心摒除腐败的开始，她还把这一天定为“赎罪日”。她在帐篷里开了一个小会，表示将用行动展现改革的决心后，就前往明洞教堂，到那里告解，她为自己无法让国家团结与融合而求取上帝的原谅。接着，她去了曹溪寺的极乐殿。她拜了一百零八拜，每一次磕头都诚心诚意，究竟磕了多长时间，她已经记不清了，只知道，当时流了很多汗。当与她一起磕拜的一修和尚敲了竹篦三声后，她才知道已经完成了。

当时主持智洪和尚劝阻说：“行大事之人不可伤身，诚心到即可，数字并不重要。”

但是朴槿惠反复地说：“今天是以谢罪和忏悔的心情行了108个礼。”并希望以后大国家党“干干净净地复生”。到了晚上，她又到了永乐教会参与了反省的祈祷。

这一天，她去了很多地方，她的目的只是想谢罪。如果还有可以谢罪的地方，她恨不得全数前往，只有这样，才觉得心安一些。

反省是种良好的生活态度。古人云：一日三省吾身，也是教人不忘常常自省的意思。反省绝不是“封闭”自己，有时候和他人的交流也许会让我们有豁然开朗的感觉，会帮助自己更快地走出困境。

哈佛大学的教授罗伯特·诺齐克，同时也是美国著名的哲学家，他在自己的《反省的生命》一书里写道：“我不会如苏格拉底般说，未经反省的人生并不值得过——那是不必要的严苛了。但当我们的生命由我们深思熟虑的思考所引导，它便是当下我们活着的自己的生命，而不是别人的。就此而言，未经反省的人生，是不完整的人生。”

未经反省的人生，是不完整的人生。的确，人在成长当中，要时不时停下脚步，让心完全处于一个安静的状态下，好好地反省一下自己，看自己在某些事情的处理方式上是否得当，在为人处事上是否能够与人和谐相处，等等。

每个人都会犯这样那样的错误，就连四条腿的大象也有摔跤跌跟头的时候。人要不犯错误，除非他什么事情都不去做，而这恰好是他所犯的最基本的错误。我们要想少犯错误，那就需要不断地反省。当一个人的时候，我们最好多问自己几个问题：自己最近做的事情，有哪些不妥当的地方？有不少人说我的脾气不是很好，我是不是应该改变下自己的脾气，等等。

关于反省，朴槿惠在自传里写道：

住在新堂洞时，早上母亲会让我们尽情地玩耍，但到了晚上总会要求我们写日记进行一天的自我反省。我依母亲的教导，从小学开始养成写日记的习惯。每天记录当天做得好与没做好的事，对于没有做好的事，我会马上进行思考，然后把想好的哪里需要改进的地方记在日记里，这有助于改掉我不好的习惯。虽然得花掉一些时间才能改掉，但就像咬指甲那样的坏习惯也无意间被我给改掉了，我会将已经改掉的坏习惯用红笔划掉，并在这样的过程中得到成就感。

关于反省，这里有一个故事，很能体现出反省的力量。

有个人极不满意自己的工作，他愤愤地对一个朋友说："这份工作实在是没法干了，老板一点也不把我放在眼里，我准备向老板拍桌子，然后辞职不干了。"

朋友听后，问他："你对那家公司的情况弄清楚了吗？你对他们如何经营、管理这些事情都弄明白了吗？"

他错愕地回答："没有。"

"那你最好先把这些都弄明白，那时候你再走也不迟。"

那个人觉得朋友说得很有道理，把公司作为自己免费学习的地方，等自己什么都学会了之后，再一走了之，这样不仅学到了东西，还特别能解气。

自此，他拼命地学习，甚至别人下班的时候也在拼命地工作。时间转瞬就过去了一年。有一天，他又见到了这个朋友。朋友对他说："如果你现在什么都学会了的话，那就辞职吧。"可他说："不行，现在我不仅是部门经理，而且是老板身边的红人。"

这个故事非常简单，但却能很好地体现出反省的力量。在工作中，当我们不被老板看重的时候，是不是应该好好地问一下，自己是不是只知道一味地抱怨，却不懂得平心静气地正视自己，好好地反思自己呢。

反省是种生活态度，反省也是成长必须具备的。一个人，无论你是什么出身、在什么环境下生活，如果不用大量的知识武装自己的头脑，不懂用反省来反思自己、修整自己的言行，那你就很有可能会逐渐演变成四肢发达、狂妄无知的人，这样的人注定要走很多弯路。

在人生的道路上，一定要时刻反省。反省并不仅仅是自己反省自己，也可以请朋友指出我们不足的地方。反省也不是事后才该做的事。在事先，我们更需要反省。想好了再去说话或者做事，就能避免说错话做错事，让自己少走一些弯路，用中国古话来说：凡事预则立，不预则废。

人生苦短，我们没有多少时间可以浪费，要想成功，我们就必须少犯一些错误，少走一些弯路，因此，我们就必须要时时刻刻地反省自己。那么如何才能反省自己呢？像朴槿惠那样每天坚持在日记本上写上自己所做的事情，所需要改进的事情，争取每天都比昨天更完美一些，这就是一个值得借鉴和学习的如何反省自己的方法。

## 读书，是最不徒劳无功的事

书，是朴槿惠在隐居生活中陪伴着她的最重要的朋友。当她在绝望中挣扎的时候，当她在困境中寻找解脱的时候，是冯友兰的《中国哲学史》给予她力量和勇气。

朴槿惠对年少时的回忆，提的最多的就是“书”。朴槿惠的父亲尽管是韩国的领导人，但朴槿惠的家庭生活却非常朴素，她的衣服总是用父母的旧衣服改小的，贵重的玩具几乎没有，但在书籍方面，朴槿惠的父母却非常的大方，经常鼓励孩子们多读书。也许，这成为朴槿惠喜欢读书的原因吧。

在18年的隐居生活期间，朴槿惠一直埋头于读书。有时候，甚至一天做的事情只是读书而已。对自己喜欢的书，她总是反复地读，并从中获得心灵的安慰。后来从政后，即使公务繁忙，她仍然会抽出时间来阅读。

她在三十几岁时就因为自身的经历和阅读的功底而出版过几部很有价值的散文集，也因此被邀请加入了大韩文人协会，还被台湾的中国文化大学授予“名誉文学博士”学位。她在自传里这样写道：

在被人们渐渐遗忘的同时，我踏出了文人的第一步。先是出版了集结我日常生活随想的《要是能出生在普通家庭》，之后又出版了散文集《点滴的人生》。不觉间，我也成了文人协会的会员。我读过很多领域的不同书籍，看到好的句子就会抄下来做笔记，用以滋养自己的心灵。我就这样过着读书度日的平淡日子。当时抄下的那些笔记，至今仍然是我人生的指南。

法国著名的科学家、哲学家笛卡尔说过，“读一本好书，就是和许多高尚的人谈话”。美国著名的政治家富兰克林也曾说，“读书是我唯一的娱乐，我不把时间浪费于酒店、赌博或任何一种恶劣的游戏”。读书还能治愈我们的伤口，这一点，我们可以从朴槿惠的身上感受到。

那么为什么读书能让我们变得不平凡呢？虽然这是一个很简单的问题，相信即使是三岁的小孩也能回答，但是它仍然值得我们继续探讨下去。我们发现，庞大的读书量和一个人强大的思索能力有很大的关系。换言之，读书能影响一个人的品质。这就好比一块普通的石头在经过高温和高压的长期打磨后，会变成钻石一般坚韧。

在阅读上，朴槿惠也是我们的老师。

朴槿惠很小的时候就读了各国的历史书，通过这些历史书，她认识到各种世界，掌握了洞察世间百态和人间万象的道理。大一点的时候，她开始读各种各样的书，并且还学会了英语、西班牙语、汉语、法语。像她这样会五门语言的国家领导人实属罕见。朴槿惠自己也曾说过，是书让她变得更完美。

一位亲自去朴槿惠家采访的记者以及朴槿惠的随从介绍说，朴槿惠家里藏书多得让人不敢相信，而且据说这些书朴槿惠都曾亲自读过。

不管做什么，我们都需要思考，我们需要让我们的思想和思维变得与众不同，除了经历更多之外，恐怕就只有读书了。德国总理默克尔、乌克兰美女总理季莫申科、“80后美女总裁”董思阳、SOHO中国有限公司CEO张欣、获得“世界杰出女科学家成就奖”的李方华教授等，都是有思想、有风格的爱读书女性，正是通过读书，她们打开了属于她们的成功之门。

我们可以设想一下，如果在那18年的隐居生活里，朴槿惠不是选择读书，而是虚度光阴的话，结果会怎么样呢？我们很难想象命运会给韩国一个什么样的总统。在那18年的隐居生活里，她从书里吸取了各种营养，让自己变得无比强大。

我们所熟悉的名人沃伦·巴菲特、奥普拉·温弗瑞、比尔·盖茨和乔治·索罗斯，他们的思考和意识水平都与常人不同，但是他们小时候跟别人的孩子没什么两样，甚至还会显得笨一些。他们之所以能取得现在这样的成绩，除了他们是工作狂之外，更是著名的读书狂。

古希腊哲学家苏格拉底说：“恐怕没有任何一件事能比读书更让我开心了，因为别人辛苦获得的知识，我可以只要多看一些书就能变成自己的东西。”只有读了很多书的人才会具有超乎常人的思维水平和洞察能力。世界级富豪沃伦·巴菲特的读书量是普通人的五倍之多。

除了上面我们提到的那些成功人士之外，其实，几乎所有的成功人士，都跟朴槿惠非常类似，他们能有今天正是得益于读书。现在很多人总是为自己不读书而找各种借口和理由。忙，忙着应酬，忙着聚会，忙着旅游，忙着锅碗瓢盆，忙着喝茶聊天，哪里有时间读书？忙，说起来心安理得，顺理成章，可是再忙难道还有朴槿惠忙？没有时间读书，这句话是如此苍白无力。现在社会上，很多人陷入了“中年危机”，其实主要原因就是因为他们不爱读书。

这个世界上没有哪个人不读书就取得了巨大的成功。因为积极勤奋的读书是打造伟人的最好方法，也是唯一方法。正是基于此，现代管理学的创始人彼得·德鲁克指出：“不读书的人是无知的，这一点与文盲并无区别。”

不仅如此，未来学家阿尔文·托夫勒也指出：“21世纪的文盲不是那些不会读书写字的人，而是不会学习、不会选择、不会思考的人。”读书的力量是非常大的，那我们就把读书当成我们的一种习惯、成为我们的一种不自觉的爱好，这样我们的各项能力都会在阅读中不断地增强！

## 习惯的力量

有一句名言说：好习惯比什么都重要。就拿织布为例来说吧。每一根经线和纬线看起来都是如此的纤细柔弱、貌不惊人，但是一旦放在织布机上，经过密密麻麻的交织过程后，它们就会形成漂亮又结实的布。这就令人另眼相看了。

其实，日常生活中每一个有意识或无意识的行为举止，每一句不经意间的话语，都在编织着我们的人格、性格、精神或气度等。随着岁月的车轮不断地向前走，这些都会在我们身上一一体现出来。如此，它们一点一滴的固着在我们身上，铸就了我们的成长。这就是习惯。

生活中的每时每刻，都是在形成某种习惯或破坏某种习惯(可能也是为了形成新的习惯)。我们的人生不就是这样形成习惯的过程吗？

这是朴槿惠在《点滴的人生》中对习惯的思考，而她自己的故事，恰恰验证了习惯具有多么大的力量。在反省的那一节，我们已经提到了朴槿惠有反省的小习惯。即使后来参政，每天要做的事情堆积如山，朴槿惠仍然坚持每天写日记，用来反省自己一天所做的事情。虽然改掉这些不好的毛病让她花掉了不少时间，但是就像她传记里所说的那样，就连咬指甲那样的坏习惯无意间都被她给戒掉了。

习惯的力量是非常强大的，甚至有人还这样说：“你可以什么都不会，但至少要有一个好的习惯。”其实，当我们拥有了一个个好的习惯后，我们又怎能什么都不会呢？

正如朴槿惠所写的那样，习惯大多数都是我们无意识中形成的，它可以是我们的一个个小动作或意识，但这些小东西往往却可以左右我们的命运。可能有人会对此不屑一顾，一个小小的行动难道真有这么大的力量吗？太小题大做了吧。但是当你遇到困难的时候，如果你有遇事就退缩的小习惯，你是不是比别人更加容易逃避呢？

千万不能忽视掉那些小习惯。千里之行，始于足下。这些小小的点滴形成习惯后，就直接关乎你的人生。让我们来看看一个真实的故事。

1998年1月28日，全球75位诺贝尔奖获得者相聚在法国首都巴黎，对人类所面临的重大科技问题进行研讨。会议期间，有个记者向一位诺贝尔奖获得者请教："请问您是在哪所大学、哪个实验室获得重要知识的？"

出人意料的是，这位白发苍苍的老科学家的回答却是："幼儿园和小学。"

那个记者一下子愣住了，不过能来这里的记者都是经验非常丰富的，他马上就用一副好奇的表情替换了刚才那副吃惊的面孔，继续请教道："请问，您在幼儿园和小学学到哪些重要的东西呢？"

这位科学家耐心地答道："我在幼儿园、小学学会了把自己的东西分一半给小伙伴；不是自己的东西不能拿；用过的东西要摆放整齐；吃饭前后要洗手；不随地扔果皮、纸屑；做错了事要向对方表示自己的歉意；听课要专心，作业认真做；仔细观察周围的大自然，爱护一草一木；尊重他人……"这位老科学家缓缓地说着。

那个记者好像恍然大悟了一般说道："我知道了，在幼儿园和小学里，你学到了人生中最重要的东西——习惯。"老科学家听后，微笑地点了点头。对于这位老科学家所说的话，在场的诺贝尔奖获得者都一一点头，正是习惯的力量让他们才有如此的成就。

成功的人和幸福的人都是一些具有良好习惯的人，对此，法国学者培根还曾这样说过："习惯是人生的主宰，人们应该努力地追求好习惯。"的确，行为习惯就像我们身上的指南针，指引着每一个人的行动。大凡获得成功的人，他们的良好行为是长期坚持，养成习惯，形成自然的结果。

小时候的鲁迅先生，就养成不迟到的习惯，他曾在自己的书桌上刻了一个“早”字来时时提醒自己。他要求自己抓紧时间，时时刻刻地叮嘱自己凡事都要早做，他这样长时间地坚持下去，就形成了习惯。这位以“小跑走完一生”的作家，在中国以至世界文学史上都留下了辉煌的业绩，成为世界有史以来十大文豪之一。可见，行为习惯对一个人的成长起了决定性的作用。

朴槿惠在自传里回忆道：“我到国外走访时，习惯了到达后先与当地的侨胞会面。在那种陌生的语言、文化环境下，他们却能坚定地扎下根基并用心生活。这是我对他们表达敬意和谢意的一种方式。每次见到那些生活在美国、中国、日本、欧洲等地的侨胞时，我都会像见到儿时的玩伴一般兴奋和激动，因为我们流着相同的血脉，我们有着相同的凝聚力。”

朴槿惠到国外访问的第一天，经常会抽出时间先与当地的侨胞见面。这也充分展示了她是多么地热爱国家，热爱国民。她的这个习惯也是国民们喜爱她的原因之一。

关于习惯，她在《我的心路历程》里还写道：“什么也胜不过使人平安的好习惯，什么也坏不过折磨人的坏习惯。每一天，我们都在不知不觉中积累或宝贵或可怕的习惯，我们都在思考如何度过这一天。”良好的行为习惯，会影响人的一生，有了好习惯，失败不容易；没有好习惯，成功不容易。

在日常生活中，我们一定要重视自己的良好习惯的养成。我们的人生是否幸福，跟积累了多少物质财富或者事业上取得了多大的成功没有多大的关系。真正可以衡量我们是否幸福的标准是，我们具有哪些优秀的习惯。一个人遇到了挫折，但他拥有积极乐观的习惯，那么他就能比别人更快地战胜挫折。习惯直接关系到我们的一生，正如朴槿惠在《点滴的人生》里说的那样，好习惯比什么都重要。

## 每天都做全新的自己

相信很多人都有过这样的经历：

你一直在为别人而活。小学时，为了获得父母的宠爱与老师的表扬，一直在努力着，努力到连自己生活的方向都没有。一直努力地争取一切，但是得到的却是很少。上了初中，放弃了自己，放弃了父母的疼爱，放弃了老师的关注，只是混混沌沌地在混日子。当然，如此浪费时间，你变得非常平庸。

混混沌沌，为成为他人眼中的某种人而忙碌，不如选择做自己。做自己就要坚持自己的梦想，不在意别人的看法。昨天的痛苦就截止到昨天，明天的太阳依然会升起。“做自己”并不是说，每天都要做一个不一样的自己，而主要指的是两方面：一方面指每天我们都可以像初升的太阳一样，向世界展现自己最美的一面；另一方面我们每天都要有所进步。

关于第二方面，朴槿惠关注网络这一点就很能体现出来。

2004年2月，朴槿惠迷上了互联网。之所以迷上互联网，是因为有一次她与十几名二十几岁刚出头的大学生聊起了“年轻人心目中的政治”的话题。她觉得当时韩国的政治，尤其是大国家党的政治，有很多地方跟不上年轻人的想法。

于是，她向这些年轻人提了一些问题：我们国家的年轻人对政治有多么关心？有何期盼？要如何才能接近二十几岁的年轻人？

其中有一个大学生说他有一个好点子，于是便提到了迷你窝这种社群网站。这位大学生介绍道：“经营迷你窝社群网站的时候，你能看到好友的访问记录。不管再怎么好的朋友，也无法天天见面，但是经营迷你窝就能像天天看到朋友一样，知道对方的心情和生活。”

刚开始的时候，朴槿惠一脸迷惑，可是没过多久，她就像哥伦布发现新大陆一样，激动无比。从那天起，她开始逐渐减少自己的日常活动安排，每天登录自己的迷你窝。她有什么不懂的话，就向她的助理请教，因为她的助理们都有自己的迷你窝。

经过一阵子的摸索，朴槿惠终于学会了经营自己的迷你窝，她把自己在青瓦台期间的照片、许多日程活动的解说都贴在自己的迷你网页上。

除了青瓦台的生活外，她还把自己写的一些文章放在了上面。她自己感觉就像把自己的秘密向其他人透露一样。起初她有些不好意思，但她始终相信只有不矫饰地、真诚地与学生们沟通才能跟他们展开对话。

朴槿惠还在自传里说："有一阵子，我好像出现了'迷你窝废人'的症状，她总是想知道，'今天有谁访问过我，有谁给我留下什么纸条'，等等。"

朴槿惠公开自己的网页后，访问人数每天都在增加。每天当她登录后，总会收到许多让人欣慰的便条、进入村落的申请、背景音乐的设计等礼物。每当看到这些东西的时候，她都会在无形中产生一种错觉，觉得这些东西仿佛始终就在自己的身边。

面对人生，很多人都有诸多不满，也许你一直怀揣梦想，无奈久久不能得志；抑或你期盼更多"精彩"，不禁暗自思忖如何才能成就"精彩"人生。面对这些问题，我们最需要做的就是做全新的自己。我们需要丢掉沉重的心理包袱，跨过阻碍前行的巨石，重塑自我。

朴槿惠一直都在努力地做"全新的自己"，在那些只有痛苦陪伴的寂寞的岁月里，她不断地调整自己，以最佳的状态迎接一天又一天的到来。她变得不痛苦，开始拥有了光明和希望。她在1992年5月22日的日记里，这样记载：

有一段时间，我喜欢在吃完晚饭后，就独自在院子里散步。

五月的天气不冷也不热，这真是一个美好的季节。这么多年来，到如今我才发现，原来我可以如此放松自己的心情。想到这里，我感到很新奇。

这种悠闲的散步是我最喜欢思考的时刻。现在想来，那些散步的日子，看似悠闲，却又让我收获颇多。现在的我可以自由自在，可以轻松地愉悦地享受一个人的安宁，是何等的愉快啊！而且那些思考一直到现在都深深扎根在我的心里，成为痛苦给我的最有价值的东西，就好像夏天繁盛的绿叶般令人鼓舞上进，激励人不断成长。

现在我的心境是如此平静，也是那时的思考馈赠于我的珍贵的礼物。当然，现在的环境也跟当时不一样了。我经常在问自己，这个世界上什么最可怕？这个世界上什么最强大和最脆弱？这个世界上什么最丑陋和最美丽？我想最准确的答案就是人心吧。也可以说，是自己的心。

朴槿惠认为，人最重要的就是心。有的人能遇到困难后不逃避，勇敢地面对；而有的人还没遇到困难的时候，仅仅只是想到以后可能会遇到困难，结果就开始颤颤发抖了。在同样的时间、地点、环境甚至条件下，每个人面对同一件事情的感觉都可能有所不同。有的人可能觉得这是自己的一个机会，有的人可能觉得这是自己的一个灾难。天堂和地狱之间其实就在于一念之差。

在美国有这么一个故事广为流传。

说的是有一对亲兄弟，他们在童年的时候，父亲因为抢劫而被关进了监狱。20年后，这对亲兄弟中哥哥成为了一位大公司的老板，而弟弟却跟他的父亲一样，因为抢劫而被关进了监狱。哥哥成为了企业大老板，弟弟却沦为了阶下囚，很多人都对这成长环境一样的这对亲兄弟怎么会有两种完全不一样的人生感到非常好奇。

在法庭上，法官问弟弟为什么要抢劫。

弟弟的回答是，因为我有一个身为抢劫犯的父亲。这个回答不仅让在座的人吃惊，就连他的哥哥也很是吃惊，因为他从未想到，自己的弟弟竟然因为这个原因而成为抢劫犯。

后来，有记者问哥哥，你为什么取得如此的成功。

他回答道：“因为我有一个身为抢劫犯的父亲。”

他的回答，同样让记者感到吃惊。

他说：“我的父亲是一个抢劫犯，这是因为他拥有的东西太少，才会去抢别人的东西。从我父亲被关进监狱的那一天，我就想，如果我有能力拥有比很多人都多的东西，是不是就永远不会做违法乱纪的事情了呢？就这样，我不断地努力，最后取得了成功。”

同样的出身，同样的环境，却拥有了两种截然不同的命运，主要就是因为他们的心态不同。换言之，就是他们面对生活的态度不一样。弟弟因为父亲是抢劫犯而活在自卑和痛苦当中，最后成为了一个真正的抢劫犯。而哥哥却因为父亲是抢劫犯而不断地告诫自己，要不断地努力，才能改变命运，改变一切，在这样的心态下，他最后取得了辉煌的成功。

其实，只要仔细观察，我们不难发现一个事情，生活在同一个小区、同一个巷子或者胡同的人，其实经济条件基本上都差距不大，但是他们的生活质量却可能完全不同。有的人过得非常幸福，有的人却过得非常不幸。这些都可以进一步说明环境、条件等外在因素其实并不是决定我们是否幸福的关键因素，真正的决定因素在于我们的心态。你是选择过一天算一天的生活，还是过“日日新、又日新”的生活，都取决我们的心态。简言之，做全新的自己，我们才能成就精彩的一生。

## 以周围人为镜

活在这个世界上，我们经常会遇到一些言行轻率和举动无礼的人，哪怕走在路上也会随时跟这样的人擦肩而过。仔细想来，遇到这些人也并不是一件坏事。别人的言行就好像一面镜子。如果你对他无礼，他就会对你无礼。因此，你可以把它当做你反思自己的机会。如果自己没有错，那就反映出别人的品格低下。我们也没有必要跟他们过于计较。赶紧远离这样的人才是我们最该做的事情。

这是朴槿惠在日记里所写的一段话，在她看来别人对你好与不好，都能让你学到一些东西。确实如她说的那样，你遇到一个品格高尚的人，你跟他交往了，你也很有可能会变成一个品德高尚的人。如果你遇到一个品格低下的人，你跟他交往了，结果你很有可能会变成跟他一样品格低下的人。“物以类聚，人以群分”说的就是这个道理。

但是，是不是遇到品格低下的人，就该认为自己倒霉呢？并不是这样的，这也是朴槿惠智慧的体现。她认为如果你遇到了一个品格低下的人，你可以把它当作你反思自己的机会，如果你发现自己也有他身上的一些缺点，那么就赶紧改掉。然后你可以远离他，或者你每见到他一次，就警惕自己一次不要变成像他那样的人。我们一定要从别人的眼中找到最美的自己，不管这个人是品格高尚的人，还是品格低下的人。

其实，上帝给每个人的生活都差不多，有的人能从这简单的生活里让自己变得更加完美，有的人却能让自己的身上到处都是毛病。我们无法评价后者如何如何，因为他有选择所走的路的权利，但是我们必须要有积极向上、追求美的一种态度。

朴槿惠为什么能在困难的时候依然能逆境而上，主要原因就是她能感觉到自己在慢慢地强大起来，不管当下的处境是否良好，她都能吸取很多的正能量。

现在很多年轻人大学毕业后，迟迟找不到合适的工作，或者迟迟得不到大的发展，主要原因是他们无法从别人的眼中看清自己。如果别人说他们做事不成熟，他们就会拿出我也有经历和经验来做辩解。

其实，既然别人说你不成熟，那么一定有他们自己的道理，你可能觉得他们是错的，但是你是不是更应该看清楚一个事实，敢于直接说你不成熟的人，这个人的年龄是不是比你大，他做事是不是比你做得更好。如果这些都成立，那么他说你不成熟八成是没有错的。

朴槿惠的能力在于不仅能从别人的身上看到自己的不足，她还能从当下的环境中看到国家的不足。她说，以前早起鸟儿有食吃，但是现在已经不是过去那种遍地都是食物的时代了。过去我们只要早起就能发现到处都是吃的东西，可是如今尽管早起也很难找到食物。她在告诉国民们，采用过去领导人领导韩国的那种方式已经落伍了，现在的领导人除了要唤醒民众，还要给他们指出一条正确的道路。朴槿惠指出，如果这个任务让她来完成的话，她会更加勤奋、努力。

能从别人的身上发现自己问题所在的人，会变得越来越完美；能从当下的处境看出国家问题的政治人，肯定也能把国家发展得越来越好。我们要想以后的人生变得越来越好，就需要不断地完善自己，就是把你遇到的每一个人都当作反思自己的机会，不管这个人品格高尚还是低下。

## 做情绪的主人

大多数不成熟的表现，都是因为被情绪左右了思想，这也是为什么很多人提出情商比智商更重要的原因所在。而朴槿惠确实是一个无论是情商还是智商都高于常人的人，她认为人的情绪是永远不会欺骗人的。当你感觉到生气、悲伤、沮丧和无望的时候，你的情绪正在提醒你，如果你不马上改变的话，那么你的生活即将变得糟糕。

相信不少人都有这样的经历，考试前焦虑不安、坐卧不宁；受到老师、父母批评后脑子里一片空白；和同事、朋友争吵后，气得上街乱逛，买一堆不合时宜的东西泄愤。像这类“犯规”的事情，偶尔一次算不了什么，如果经常这样，就必须小心了。因为你不知不觉地已经被你的情绪所控制，成为了情绪的奴隶。

无法控制自己情绪的人，一旦心情不好，就坐立不安、旷工、乱花钱、借酒浇愁。这样做不仅搅乱了自己的生活秩序，也干扰了别人的工作、生活，还会失去别人对你的信任。关于情绪，朴槿惠有过表述：

从容淡定的朴槿惠。

“怎么可以这样”“这实在太过分了”“真不像话”，我们经常会发出这样的牢骚。但是不管我们如何地抱怨，事情其实不会有任何改变，相反我们就好像做了一件堂吉诃德大战大风车一样看似悲壮却只能让生活带给我们更多烦恼的事情。

很多事情，即使我们非常努力地去做，也不一定能得到理想的收获。因为这个世界上人生不如意十之八九。从这个意义上来说，以平和的心态来接受结果是非常重要的。这一点不亚于你为追求结果所付出的努力。

朴槿惠认为生命的品质取决于你对自己情绪的掌控。

不管发生了什么事情，朴槿惠都是非常的理智和冷静，她从不发火，展现在我们面前的永远都是那温柔平和、沉着镇定的一面。她的这种修养与她的经历和读过很多书有很大的关系。她指出，人之所以活得如此痛苦，最主要的原因就是我们过于放任自己的情绪。深知坏情绪的危害，所以她远离它，也正因为这个，无论遇到何种事情，她总能让自己安静下来。

反观我们在工作、生活、待人接物中，却常常受情绪控制，依从情绪的摆布，头脑一发热，什么蠢事都愿意做。朴槿惠指出，房屋漏雨了，你去迁怒雨，这是一个非常愚蠢的行为。因为房屋漏雨，这跟雨没什么关系，是屋顶的质量不好。你需要做的不是埋怨老天，而是立刻去修理屋顶。

朴槿惠能做到对任何事态都泰然处之，只要尽了自己最大的努力，不管是何结果她都能虚心地接受。她知道，人虽然很伟大，但是仍然存在很多事情是无法靠智慧和人力来扭转的，这就是所谓的“尽人事待天命”的思想。

关于控制情绪，她说：

我们经常会看到那些因为极度愤怒而失去理性的人。如果因愤怒而失去理性或者因憎恶之心而情绪失常的话，其实这跟那些引起我们愤怒的人并没什么两样。

从古至今，很多人都会经历这样的事情。我们周围也不乏这样的事例。这些事情的产生本身不是问题，真正的问题是，处于其中的人不能控制自己的情绪而导致失常。

在她看来，引起你生气的人和生气的你并没有什么本质区别，而最终受伤的只有你自己。因此，不管是谁她都不轻易发火。她非常清楚，发火就等于自己在惩罚自己。如果她遇到了有人挑衅她或者有人故意对她轻率无礼，她不会马上反击，她会先思考自己有没有做错。如果反思得到的结果是自己确实没有做错，那么别人这种无礼的行为，就表现了那个人品格的低下。既然是那个人的素质问题，又有什么值得去反驳的，这就好像你在马路上不小心被一条疯狗给咬了一口，难道你还要去咬疯狗一口吗?

关于这一点，她说过的一句话很能体现她的态度：“不管在任何情况下，是否失去理性而导致无理举动在根本上取决于一个人的品性和修养。如果不能控制自己的情绪，而乱对别人发泄自己的情绪，无异于将自己最丑陋的一面曝光于众人之下，这是多么羞耻的事情啊!”我们一定要注意我们的情绪，即使是微小的坏情绪，我们也要警惕，只有如此，我们才能打造出最棒的自己。

第十章

# 亲和，凝聚周围人的力量

作为一个人，
与赢得对方和打压对方相比，
更重要的是，
应该在任何时间和任何地点都要努力做正确的事情，
尽力做到与别人和谐相处，
让别人感到心安。

——朴槿惠

# 让别人从你身上看到希望

朴槿惠的成功与她的吸引力有着直接的关系。什么是吸引力呢？杰克·坎菲尔德是闻名世界的顶级励志大师，他提出：吸引力是一种看不见的力量，它能引导整个宇宙规律性的运转。因为它的作用，地球能够在46亿年的时间里保持着运转的状态；也正是因为它的作用，太阳系乃至整个宇宙中，数以亿计的星球，都能相安无事地停留在各自的轨道上运行。这种能量引导着宇宙中的每一样事物，也引导着我们的生活。在杰克·坎菲尔德看来，任何你已见的发生的事情，都是你自己吸引来的。

杰克·坎菲尔德说得很深奥，有些人或许无法理解。《大男当婚》中，伍小六在决定离开曹小强的时候，对他说："其实我的想法挺简单的，我只想找一个喜欢的人一起住在一个房子里，生个孩子养条狗……可是你把生活说得那么辛苦，你让我害怕了，我只想生活得轻轻松松，我不想承受你说的那些压力……"伍小六之所以离开曹小强，是因为她从他那里看不到任何希望。面对这个残酷的社会，曹小强是弱小的，让伍小六感觉不到希望。希望就是一种吸引力，没有希望会让相爱的两个人败给现实。

我们可以从身边强大的人身上吸取力量，要想别人对你不离不弃，不需要你马上成为一个成功者，但要让别人从你身上感觉到力量，看到希望，在这时候希望就是你最大的吸引力。一个人愿意跟你交往，主要原因是因为他能从你身上感觉到希望。

朴槿惠的身高不到一米六，身体非常单薄，但她却敢说：“有人说我软弱，但我绝不软弱，为了国家和国民我比谁都要强。”她身边的人都能感觉到她是最坚强、最坚毅的政治人。

朴槿惠，是中文翻译过来的三个字，没有将韩语中“槿”音的字，翻译成玉石的“瑾”，也没有译成谦虚谨慎的“谨”，而是译成植物木槿花的那个“槿”，是有深意的。

木槿花，色泽鲜艳，烂漫如锦。它朝开暮落，生生不息，生命力极强。木槿花也叫无穷花，韩国将它作为国花。它象征坚韧、质朴、永恒和美丽。以花喻人，朴槿惠的一生极像木槿花。

很多时候，痛苦是我们无法选择的，一个人的痛苦经历多数是个人、家庭、社会等多种因素造成的。我们要接受并克服痛苦，否则它就会把我们置于困境之中。接受并且战胜痛苦，这是一个人走向成熟、获得智慧的表现。朴槿惠做到了，并且从中吸取到力量。战胜痛苦，这是强者的象征。关于痛苦，朴槿惠曾说过这么一句话：“如果不能逃避，那就享受吧！”这表明了朴槿惠战胜痛苦的决心和意志。

关于朴槿惠身上的吸引力，她有这样一段话可以体现。

也许我们家族中悲伤的事情比开心的事情多很多。我把这些事情都当作是对我自己的试练。如果要让我再次过这样的生活，我宁愿选择死亡。

就算是现在，我人生中发生变化我也不会逃避闪躲。无论命运是好或坏，我都会堂堂正正地接受它。我从来不会因为身处困境而放弃希望。

国会议员洪文钟说：“作为领导者，朴槿惠具备特殊的吸引力。从她身上，我们可以看到韩国未来发展的希望。在充斥着不信任、背叛以及贪婪的政坛中，她拥有着别人所没有的一点，也是最让人敬佩的一点，就是一直捍卫着自己的原则和信念。”

国会议员金武星是这样评价她的：“朴槿惠是一位非常出色的领导者，虽然有一些缺点，但却难以掩盖她突出的优点，更为罕见的是她能将自己的缺点转化为优点。

“在发生大型事故时，在公共焚香所门口唯一不会吃到闭门羹的政治家就只有朴槿惠。人们举着烛火痛哭的时候，她可以带给国民安慰和平静。她的心中只有国家和国民，而没有时间陪伴家人和朋友。她常常会让身边的亲友感到不满和郁闷，但也正因如此，和她一起工作的人们才可以拥有发自内心的自豪感。”

庆尚南道金海附近的一位选民是这样评价她的：“虽然我对大国家党感到非常失望，但是朴槿惠当选为代表，是我们的期待。”

一个人遇到巨大打击和痛苦，一般会有两种状态：第一种，看尽世态炎凉、人间冷暖，开始对一切都很麻木；第二种，看透了人生，但仍然对生活永葆一颗热忱之心。后者才是真正的心智成熟。朴槿惠就是后者，她没有被痛苦和挫折打倒，依然对生活充满了热情。

我选择了希望。我能够走到现在绝不是仅凭自己的力量。我能够强忍住那些常人无法承受的悲伤，是因为我的人生不仅仅属于我自己。

现在，我的人生需要全新起航。我不会逃避。无论任何事情，我都会坦然接受；无论任何困难，我都会尽力克服。上天给我的使命正是“创造新的希望”。

当我们的孩子长大成人后，他们生活的国家将会是什么样子呢？

我希望将来在这片土地上，所有的年轻人从学校毕业后，都能拥有理想的工作，付出多少努力就能得到多少收获。人人都能遵守法律和坚持原则，每个人都能取得自己的成功。我希望通过自己的努力和大家的支持可以建立一个这样的国家。革命尚未成功，所以我们更要努力，坚持走下去，为国家的未来而坚持。

身为一个长辈，我有义务让我们的孩子都能朝着自己的梦想展翅高飞。同时，这也是身为政治人的我所要肩负的责任和所要承担的使命。

我要让我们的孩子对未来充满希望，让我们的子孙后代能够安心并自由地追逐自己的梦想。真心希望自己能够像一盏灯塔，可以点亮他们的希望之光。我立志要建立这样的国家。

为了这一理想和信念，我将全力以赴。

她觉得自己的使命就是给国民创造新的希望。她要让韩国的孩子们都能健康成长，让大学生毕业后都能找到理想的工作，让劳动阶层都能够劳有所得，让国民相信只要努力就能建设幸福的家园。她还希望这个国家能充满正义，人人都能遵纪守法。生活在这里的人们能够获得更好的发展，收获更大的成功。

朴槿惠的人生是充满希望的，韩国国民之所以愿意把宝贵的一票投给她，也是因为从她身上看到了希望。其实，无论你是谁，做什么职业，拥有什么样的出身，你都需要让别人看到你身上的希望。

如果你正在恋爱，你可以没有钱，可以没有车，没有房，但不能让对方看不到希望，对未来的希望。

如果你是一个领导者，可以起点很低，你可以给的薪水不高，可以条件有限，但不能让你的员工、你的团队看不到希望，看不到明天的发展。

如果你是一名员工，你可以学历低，可以有很多失败的经历，可以没有经验，但一定要让你的领导看到希望，看到你的成长。

伟人和常人的一个显著区别就是如何面对并处理困难。一般的人会在失败或绝望面前倒下去，变得越来越绝望、越来越脆弱，其人生也会因此而终结。而极少数人却能在失败和绝望面前愈战愈勇，因此开创自己辉煌的人生。

那如何让别人感觉到你身上的希望呢？要让别人从你身上感觉到希望，并不需要你做什么，而是通过你的人品、气度等优秀的品质来感化他。朴槿惠就是这样做的，她靠强大的内心以及个人优秀的品质来领导他人。

## 尊重大人物，亲近小人物

小人物是一群很是普通、很是不起眼的小角色；是一群很是简单、很是平凡的小人群。他们没有什么华丽的语言，没有什么昂贵的衣装，没有什么经典的舞台，没有什么高雅的神情，甚至别人欺负了他们，他们也不敢有任何反抗。

在我们身边有许许多多这样的小人物，我们可能就是他们当中的一员。他们很平庸，这辈子也许根本就没有做过一件像样的大事。但他们就在我们的身边，他们总是匆匆而来、匆匆而去。很多人都会因为他们是小人物而远离他们、轻视他们，朴槿惠却觉得正是这些小人物才打造了我们这个美丽的世界。朴槿惠非常关心小人物。在她走访当中，去的次数最多的地方就是小人物聚集的各种市场。

2004年3月25日凌晨5点钟，这个时间段有正式工作的大多数人都还没起床，但朴槿惠却来到了汉城中区北沧洞的人力市场。在这里她知道了因为经济发展不好，很多人迟迟找不到工作。

紧接着，她又赶到南大门市场。

她去每一个地方，不像别的政治人那样只是做做样子，挥挥手罢了。她会深入地调查研究，与商贩们聊天。她想知道，这些小人物到底遇到了什么样的难处。因此，她每到一处，商贩们都会拥过来跟她握手，不少人还大声地喊道：“真的太高兴了！您来到我们小区，我们小区人们都感到自豪。”

“祝贺您当选为代表，真是太漂亮了，好好干！”

很多人握着她的手说，他们的父亲失了业，孩子又找不到工作，母亲也要出去赚钱；有的人哭着说，他们刚从市场退了下来，因为生意不好做。人们还问她，以后该怎样生活。

有一次，朴槿惠听到这些话，再也控制不了自己的情绪，她哭了。

很多商贩还和她谈起了她的父亲朴正熙总统和她的母亲陆英修女士。不少人看到朴槿惠，眼泪夺眶而出。因为他们能感觉到朴槿惠与其他的政治家不一样，她是真正关心他们小人物的政治人。

朴槿惠外出访问，不像别的政治人会带很多人，她一般就带一两个人，而且会答应大家签名的请求。一般走访完后，她会坐出租车返回办公地点。

有一天，她坐出租车回办公地点。有一位叫作崔金哲的出租车司机有些不满地对朴槿惠说："你们政治人口口声声要为国家斗争到死，可如今把我们国家弄成了什么样子。你们也就是嘴上说说，现实当中老百姓却真的快要死了！我说的这些话能代表我们城南地区国民的心声。"

朴槿惠听了司机的话，并没有不悦，而是点点头，回答道："我当选为代表就是要解决国民的生计问题，我们现在正在努力。您一直开到大国家党的办公地就可以了。"

朴槿惠很重视小人物，她知道，小人物的力量聚集起来是惊人的。所以，每次选举的时候，她都会去市场演说一番。可以说，朴槿惠之所以能够被选为总统，就是因为韩国的小人物们都喜欢她。

小人物虽然很渺小，但是我们绝不能蔑视他们的渺小，也不能嘲笑他们的贫穷。也许你曾经或者正在对他们嘲笑讥讽、疏远不屑，但是自傲身份很不一般的你，是否清楚地想过，你的过去和他们的现在又有什么差异呢？不要忘记你的不平凡正是这些像绿叶一样的小人物衬托出来的。

现在的人跟人交往功利性都很强，总是希望找到比自己更优秀的人作为朋友，如果有小人物跟他们靠近的话，马上就会逃之夭夭。其实，亲近小人物并不是降低你的身份。他们拥有很多大人物没有的高尚品德，他们中的大多数对身边的人都特别真诚。你只要真心地接触他们，便会惊奇地发现他们有一种别样的美丽，你会学到很多从大人物的身上学不到的东西。

2004年3月27日，朴槿惠来到了龙山和清凉里地区的民生一线。她首先去了汉城火车站前厚岩洞那些矮小、简陋的“月租房”，对生活在这里的人进行慰问。她没有想到，在没有一丝光线的三平方米出头的漆黑月租房内，竟然住着68岁的朱基善夫妇及孙子、孙女总共四口人。

看到这种情景，朴槿惠很是心酸，她说“一定要让社会最底层的人们也过上好日子”“为了国民一定竭尽全力”。其后，朴槿惠还去了清凉里一带的传统市场和东大门服装市场。在这些地方，她跟很多人聊天，了解到了很多民生问题。

现在不少人认为自己是大人物，在遇到那些没钱没势的小人物的时候，他们就觉得小人物该给自己让道，觉得小人物逢迎巴结他是应该的，他们可以随便践踏小人物的感情。即使这些所谓的“大人物”做错了事情，他们也不会承认是错的。在他们眼里，大人物就应该高高在上，小人物必须谦卑、恭敬地伺候着他们。

其实，这样的人，算不上是真正的大人物。真正的大人物能让我们从内心深处感觉到尊敬。这些值得尊敬的大人物无论身在高位，还是拥有千万资产，他们永远都那么谦虚，即使穷乡僻壤的乡亲找上门来，他们仍如接待贵宾一样奉为上宾，尽自己所能去帮助这些乡亲，即便能力有限帮不了他们也会尽力而为。

要记住，小人物虽然社会地位低下，但他们人格并不低下。现实生活中很多有钱的大老板还不如那些小人物值得尊敬。那些小人物活得有尊严，活得充实，比开宝马住别墅的人活得更幸福。

芸芸众生，自然、万物、人类都是世界的一分子，人本身就没有高低贵贱之分。无论你贫穷、富有、卑微、显赫，最终都将化为一抔黄土。因此，不要看不起小人物，亲近他们也并不会降低你的身份。不要为名利所累，平淡是真，开心就好。始终保持一颗平常心，你会过得幸福快乐。

## “选举女王”的女人味

朴槿惠非常受欢迎——不管是70岁的老人，还是20至30岁的年轻人，只要知道她在某处出现，就会蜂拥而至。十几岁的孩子会像见到他们喜欢的演艺圈名人一样，簇拥在朴槿惠身旁等待签名，他们从不隐藏那种发自内心的对朴槿惠的喜爱。

有一次，朴槿惠去外地办事。她刚出现在金海机场候机厅，就被一个高中生认了出来，结果200多名高中生兴奋地把她围了起来，这些学生都想要她的亲笔签名。朴槿惠受人欢迎是因为她真诚、正直、值得信赖，不过具备这些优秀品质的人在韩国政坛也不在少数，可她作为一个女政治家，作为温柔的形象代表，她比男政治家更受欢迎。

有人也许会疑惑，受不受欢迎，难道还跟性别有关吗？是的，性别也能影响一个人受欢迎的程度。

当今社会是女性力量的时代。女性的社会活动能力得到了很大幅度的提高，女性参与国家和社会活动的比率也大大的增长。在过去十年间女性地位和权力都发生了很大变化。那么女性力量增长的秘密是什么呢？

虽然女性个人能力的提高是一个方面，但根本原因在于现在人们的压力越来越大，人们更加关注的是自己能否得到情感上的安抚，而女人拥有细致入微的情感。

有实验发现，一个女人向外界传达完整的信息时，语言只占7%，声调占38%，另外的55%需要由体态语言来传达。当想要表达思想或传递情感认知时，女人是不同于男人的，男人可以只用语言或简单干脆的手势，女人则往往需要用能表达自己情绪的小动作来让对方得到感知，而这些小动作的外部表征，常常就是温柔。

朴槿惠之所以会有那么高的人气的原因之一，就是在于韩国社会竞争非常激烈，人们经常会受到各种挫折，他们非常希望有人能够关注到他们内心的情感。而男性政治人因为做事比较理性往往不会注意到这一点，所以他们很希望有女性政治人能够关注他们。而面容俊俏、姿态高雅、温柔正直、甘于牺牲、亲民的朴槿惠，正是满足了他们这种渴望。

在朴槿惠走访民众的时候，民众对朴槿惠说得最多的话就是："看到你我就觉得心疼。"如果换成男议员的话，民众是绝对不会有这样的心态的。即使男性再亲民，也不会如女性那样自然。这样民众关注的目光自然而然地都转到了朴槿惠的身上。

朴槿惠经常会收到民众的礼物，包括各种各样的水果、糖果、牛奶、玫瑰等等。这也是为什么朴槿惠会成为"选举女王"的原因。跟大国家党议员们一起开会或者用餐的时候，朴槿惠常常会不经意间让大家看到特有的温柔和卓越的领导才能。

朴幸俊议员说，朴槿惠很善于通过各种方式创造出一种让对方感到不拘谨的氛围。他还说，朴槿惠善于协调处理各种矛盾，是一个很有女人味的女人。

南景弼议员也对别人说过："在李会昌总裁身边做事的时候，常常会感到紧张，而在朴槿惠身边，却不会感到紧张。她很会开玩笑，跟她做事会感到很舒心。"

朴槿惠没有强行要求工作人员使用尊称，无论在办公室还是国会的楼道里，她跟秘书见面或者分手的时候，她都会点点头，或者看着他们走远。这些都能体现出朴槿惠温柔的一面。

温柔是一种力量，温柔有真假之分。温柔不是娇嗲，娇嗲是一种故作姿态，而真正的温柔是一种发自女性内心的魅力，它不是声色，不是语言，是女人的力量和气场。

朴槿惠的温柔一面。

其实，那些成功的女性跟朴槿惠都有一个共同点：她们懂得使用她们的温柔，让温柔成就她们的事业，成就她们的爱情。奥巴马的妻子米歇尔做得最多的事情，就是在美国公众面前表现自己的温柔，让美国人看到一个和谐的家庭，树立奥巴马的形象，帮助丈夫连续两次当选美国总统。杨澜，原央视著名主持人，现在是阳光媒体投资控股有限公司的主席。她可以说将女人的温柔发挥到极致。她的形象、采访风格，都可以表现她的温柔，甚至说，当你想到温柔这个词语时，你的脑海中就会浮现出杨澜这个人。她既有中国女性传统的温柔，也有事业型女性的干练，而温柔恰恰成就了她的事业，温柔使她成为一个极其出色的媒体人。张天爱，一个把女性的美态和气质表露无遗的时装设计师。她的设计理念无不体现女性的温柔美，犹如一个个浪漫的爱情故事。如今她的Pavlova时装集团已在日本、东南亚各国、中国扬名，在国际上也小有名气，还曾被评为亚洲70位美女之一。

说起来，温柔里面包含着深刻的爱，它来自生命的骨髓。温柔的血液，是女人发自内心的善意，它是女人对于世界，对于男人，对于子女，对于世情所表现出的美好的东西。

通常意义上讲，温柔的女人常与爱恋、仁慈为伍，常和宽厚、善良做伴。她们把热诚献给朋友，把仁孝献给长者，把慈祥献给孩子，把爱恋献给丈夫。她们是良友，是孝女，是慈母，是贤妻。她们是一种慈祥、热诚、仁厚、道义和爱的结晶体，她们因为温柔而坚强有力，与美丽并存。

所以，常常有男人在择偶时说：可以不漂亮，可以不贤惠，但一定要温柔。温柔，是东西方女性共通的理念，而这种理念，一次次证明了女性恒久的魅力。女人有了温柔，便有了一种独特魅力，一种高贵的品质与独特人格，一种做人的智慧！

# 乐于利他，“嫁”给国家

朴槿惠在她被“刺杀”之后，出院时对记者和国民说：“当我被推进手术室的那一刻，我想起了我的父母，他们都是被刺杀的。也许，我也会因此而离去。但幸运的是，我没有离开我的国民。经历了这次事件，我觉得自己余下的人生是上天馈赠于我的。为了报答，为了让国民幸福和国家富强，我愿倾尽自己的所有。”

爱就是生活。如果你失去了爱，那么你也就失去了生活。

那时，朴槿惠觉得自己活着就是为了更大的爱，而这个爱的体现就是让国民幸福和国家富强。回顾朴槿惠说过的话，我们几乎找不到她说过“爱”这个字，但她确实为了她的国家和国民在默默地付出。爱是很难说出口的，因为她把它放在了心中。她爱得太沉重，因为她深爱这个国家，她把她的爱转化成了感染力，感染着人们向她靠近。

朴槿惠因为付出变得强大。她跌跌撞撞，非常孤独地走过了很多个年头，但她从来就没有后悔过。就如她所说的，为了报答，为了让国民幸福和国家富强，我愿倾尽自己所有。假定我们是父母双亡、没有爱情、被逼隐居多年的朴槿惠，我们扪心自问，自己需要如此报答国民和国家吗？答案是否定的，她不欠国家和国民的，相反是国家和国民欠了她太多太多。

有一项调查结果显示，奉献越多的人，反而活得越快乐。有人也许会觉得奇怪，把什么都奉献出去了，自己什么都没有，怎么反而更快乐呢。生活中一个非常有钱的人，如果他只把钱用在自己的身上，就不会感到幸福；若把钱用在朋友身上，那么他的幸福感就会大大增强。

人不是孤立的，幸福也一样。那些只追求和关注自己的幸福的人，往往体会不到什么是真正的幸福，当他们逐渐将自己所拥有的奉献给他人，对他人施予关注、照料和爱的时候，则会觉得很幸福。孤立的幸福不是真正的幸福，幸福若能分享，就会变成更多的幸福。也许，朴槿惠比我们更加理解幸福的真谛，所以她才如此心甘情愿地为国家和国民奉献一生。

朴槿惠说："我认为人不能完全为自己活着，我们还要关心他人的生活。为了国家和国民，为了创造富强、安全的国家，我们要奉献自己的一切。"

国会议员洪文钟对朴槿惠有这样的评价："我看到众多政治家在政坛上的浮沉，因此更能体会到政治路途是多么艰辛。通过政治来获得民众的认同绝对不是件简单的事情。作为领导者，朴槿惠具备特殊的吸引力，从她身上，我们可以看到韩国未来发展的希望。在充斥着不信任、背叛以及贪婪的政坛中，她一直捍卫着自己的原则和信念。朴槿惠在死亡面前也毫不动容，这是因为她甘愿为国家和国民奉献自己的一生。"

我们或许无法做到像朴槿惠那样伟大，但是我们可以做到关注别人，并分享别人的喜怒哀乐，这比只关注自己会更加幸福。具备这样的心态的人心智成熟，他们能享受到更多的幸福，能生活得更快乐。为什么呢？因为人是不能孤立生存的，个人孤立的幸福不是真正的幸福。幸福若一起分享，就会变成更多的幸福。

朴槿惠也是因此而活得非常幸福，因为没有一个人能在痛苦中一直奋斗。在朴槿惠的个人履历中虽然充满了痛苦，但她仍能在痛苦中对自己和他人施以善行。我们自己活得幸福的秘诀是首先考虑他人、关心他人，并努力使他人过得幸福。朴槿惠在自己的日记里写下"追求有智慧的幸福，不要不幸地活着"。她是在用坚韧的信念和博大的胸怀来勉励自己战胜困难。

有一家公司录用了一批大中专毕业生，这些被录用的人都被安排在销售一线。销售员的主要收入是按照销售业绩拿提成，刚参加工作的这些毕业生，为了获得更多的工资，各自努力，但最后领到的奖金也都差不多。

后来，公司的销售经理辞职去了别家公司，那谁来担任这家公司新的销售部经理呢？

由于大家的能力都差不多，所以每一个人都希望自己能成为销售经理，通过高职位取得高工资。老板通过和员工们的谈话决定了最终人选。乐于奉献的小刘坐上了销售经理的位置。可小刘的业绩并不是最好的，有些人并不服气老板的安排。

于是公司老板把小刘的事迹告诉给大家：小刘主动把自己开拓出来的江浙沪市场片和京津市场片让给两位同事，使两个长期分居的家庭得以团聚，也使公司的销售员队伍得以稳定。

奉献不一定会有收获，有些人觉得没有必要帮助别人，别人有困难跟自己有什么关系。虽然奉献不一定会有收获，但很多时候，奉献越多，收获就会越大。因为我们帮助别人，别人也会帮助我们。即使不求回报，能在别人危难之时出手相助，也会让你多一个朋友、多一些分享的快乐。

人的一切快乐都可以从利于他人中产生；一切痛苦，却都由只为自己而引起。在我们日常的工作中，很多人都是在政策允许的范围内尽可能地为自己争取利益，这是无可厚非的。但对于一个想拥有更多人脉的人，在关键时可以对别人多付出一些。助人者，人皆助之。每个人都会有困难期，也都会有事业平和和辉煌期。帮助别人，也是为自己在失意、无助时，能有一两个可以信赖的朋友而做出的努力。海能容纳百川，所以不至于像一滴水一样轻易蒸发，人要想生活没有太多困阻，也需要与人为善，助人为乐。虽然，不是每个人都会像故事中的小刘一样因为助人而得到回报，但保持奉献精神会让你的生活不那么孤立无援。

## 微笑会为你赢得很多

美国前女国务卿希拉里是世界上最有权势的女人之一，也是最有魅力的女人之一。而她成功的秘诀就是时刻保持微笑。一个保持微笑的漂亮女人肯定比一个冷若冰霜的女人更容易被公众认可。希拉里出现的地方，她总会保持微笑，她看上去亲切而自然；在希拉里出现的地方，人们总会聚集在一起热情欢呼，几乎所有的人都愿意和希拉里同台，借助她的魅力给自己增加光彩。

这位美国前“第一夫人”、前国务卿、国会议员的目标是要成为美国历史上首位女性总统！《时代》周刊曾做过一个调查显示，大约有53%的被调查者对她有好感，而她的微笑功不可没。

朴槿惠跟希拉里同样是一个喜欢微笑的人。

韩国国会议员刘正福说：“在辅助朴槿惠的工作过程中，遇到了很多让人吃惊的事情，但她具有尊重他人的美德，从没有对任何人失礼，对所有的助理都是一样的。从她脸上永远保持的笑容和她的行动中，你会感受到她对人的尊重。”

国会议员金武星说：“无论是拜访中国共产党的总书记，还是探望乡下村夫，朴槿惠的举止都是同样的亲切平和。不管在什么情况下，她都保持着笑容和典雅的姿态，她用心去倾听对方的故事。”

生活太残酷、太现实，现实到让你无法回避。即便如此，我们也需要用微笑来面对生活。没有谁愿意面对一张苦瓜脸。一张涨红的脸，满腔怒火、满嘴牢骚，不但让自己心情很糟，而且也会破坏别人的心情。唯有微笑，能够让自己、让别人轻松起来。

要想让自己的生活越来越好，那就需要微笑，尽管此时你的生活再糟糕，心情再不好，也要保持微笑。不妨想想还有很多人比自己更要糟糕，不妨想想也许就在下一个拐角处，幸运与成功正在等着你。

朴槿惠的内心是非常强大的，别人无法接受的事情，她却能用微笑来面对，这是她让我们敬佩的地方。人生不可能一帆风顺，人生之中有生离死别，有苦难困惑。谁也无法阻挡灾难的降临，谁也无法改变过去。要想在人生中活得快乐，我们就要学会微笑，用微笑面对一切。

仔细想来，苦难，是上天送给我们的礼物，它虽然并不美好，大家都不爱，但是倘若你能用微笑去接纳与承担，你就会逐渐成熟，进而战胜苦难、摆脱忧伤、不断完善自己。

有一个刚毕业的大学生在工作中不管遇到什么事情，总是以微笑面对。她完成了一个又一个貌似不可能完成的任务，不久后，她被提拔成小组长。但由于后来工作调整中出现的一些状况，她变得心事重重，脸上少了许多笑容，干劲也少了很多。她的意志消沉带动整个小组也慢慢地失去了激情，最后她因为业绩的问题被炒了鱿鱼。

谁不能微笑地面对生活，生活就会惩罚谁，这是我们不得不接受的现实。微笑不但是情感的表现，更是心态的展示。不管遇到怎样的困难，我们都要保持微笑。微笑能化解愤怒，能够拉近距离，能够战胜一切困难。所以我们应该用微笑面对人生，用微笑面对人生的一切。

## 你的形象价值百万

据韩国媒体报道，朴槿惠经常根据时间、状况、场合来搭配自己的衣服，所以大家可以通过她衣服的颜色了解她当天的心理状态。朴槿惠出席首个首席秘书官会议时身穿橘黄色夹克，让人眼前一亮，但其他时间她主要穿深色绿夹克等暗色调的衣服，而当时《政府组织法》修订案还未被通过，正是国政空白期。

另外，总统就职仪式和军官联合授衔仪式以及警察大学毕业典礼上，朴槿惠穿的都是卡其色长夹克，那是代表果断和强韧的军服颜色。

朴槿惠参加长官、次官工作会议时穿了一件领子是黑色的灰色夹克。在针对朝鲜第三次核试验举行朝野三方会晤时，她也穿了这件衣服。韩国专家认为，朴槿惠佩戴的胸针包含某种信息，如她在就职仪式上佩戴的蝴蝶型胸针象征着“飞翔”“复活”。

2013年3月17日，韩国就《政府组织法》修订案达成一致，此后朴槿惠的着装颜色变得愈加亮丽。

3月19日，朴槿惠与宗教团体领导人共进午餐，身穿灰色中式立领夹克，领子部分是紫色装饰。韩国青瓦台一负责人称：“据我所知，为了强调国家的权威，衣服都是朴槿惠总统亲自挑选的。”韩国服饰专家表示，朴槿惠的衣服虽然款式相似，但颜色有所不同，她的衣服都是根据当天的情况和氛围选择的。从这些足以看出，她是一个注意自己形象的人。

尽管很多人都说，我“绝不会以貌取人”，但几乎所有人都无法真正地做到这一点。如果有一天，你在大街上看到一个穿得一身脏兮兮的人从你的身边走过，你肯定会认为他是一个穷光蛋，而不会想到他也许就是某家公司的大老板。也就是说，你的外貌、服饰打扮、发型、肢体语言、声调和你的表达方式等时刻都在影响着人们对你的判断。

无论你愿意与否，你现在的形象都在无时无刻地告诉别人，你的工作状态、你的人品、你的个人魅力是怎样的。有的人也许认为形象不重要，认为能力比形象更重要。但是你必须接受的是，你的形象确实会影响你的升迁，影响你的生意，影响你的人际关系和个人感情生活等等。

张晓天是位大企业的人事部经理，面试过上千人，为企业招聘了不少优秀人才。他是一个重视真才实干的人，但在一次面试中，他却拒绝了一个能力不错的求职者。

为什么呢？问题就出在这位求职者的外在形象上。

起初，张晓天对这位即将赶来面试的求职者充满了信心，因为对方的高学历、出色的工作履历都是极少数人能拥有的。所以，还没有面试，他在心里就给对方打了一个很高的分数。

但是，当张晓天见到这位求职者的时候，不得不皱起了眉头。对方身穿浅黄色的衬衣和灰色西裤，头发有些凌乱，胡须也没有修剪。虽然说话的时候，这个人表现得非常的礼貌，但他的外表已经在告诉张晓天，对方根本就不重视这次面试。

对方的形象让张晓天大跌眼镜，这个面试者和想象中的差距太大了。他这时已经开始有些反感，但已经安排了面试时间，张晓天还是想给他一个机会。

在张晓天的指引下，面试者来到他的办公室。

在门被关上的那一刹那，一股怪怪的味道扑鼻而来，寻其源头，张晓天发现是从对方身上散发出来的。张晓天再仔细一打量，他发现原来面试者身上穿的衬衣本来是白色的，但由于汗渍长期的入侵泛出黄色来，深色的西裤上也依稀可见汗渍和油污。

这时，张晓天的耐心已经荡然无存，简单地交谈后便结束了面试。经过深思熟虑，张晓天决定不录用他。尽管张晓天觉得很遗憾，但是他坚信自己的判断，面试者尽管可能在工作上出类拔萃，但是也很可能是做事不细致、没有耐心、不考虑别人感受的人。他觉得这样的人不仅很难跟别人相处，而且还非常固执。

许多人认为有实力就够了，只要能力强、工作表现好，升迁机会绝对少不了，如果你这样想的话，事实会给你一个惨痛的教训。如果你始终想不明白那个能力不如你，只不过是穿得比较体面一点，说话比你更注意一点的人，却得到了提升的原因，那么你是应该好好注意下自己的形象了。

在职场中，一旦你与他人能力相当，表现也都出色时，你的整体形象就显得格外重要。如果你做过销售员，那么你的老板肯定对你说过类似这样的话："你务必使你的外表让别人感觉到你是一个值得信任的人。"这个老板是在告诉即将成为销售员的人，如果你的外在形象都无法让别人感觉到你值得信任，你又如何从事销售工作呢？因此，年轻人在加强各方面能力的培养和锻炼时，千万不要忽视了自身形象。

朴槿惠很重视自己的形象。1973年，朴槿惠代表自己母亲参加"韩国移民七十周年庆祝典礼”，为了显示庄重和礼貌，她所穿的衣服和佩戴的首饰都是从她母亲那借来的。

当今社会，竞争越来越激烈，人们也越来越重视个人的形象，甚至有的人还说出“你的形象价值一亿”的话。很多时候，你的形象不能直接产生价值，但是却能给你增添魅力。当然，形象并不仅仅是指简单的穿衣和外表相貌，形象是指一个人的全面素质，一个秀外慧中的表现。形象的内容很丰富，包括你的穿着、言行、举止、修养、生活方式、知识层次、开什么车以及和什么人交朋友等等。

一个人的形象是会“说话”的。有的形象对人说“请相信我，我是有修养、有能力的”；而有的形象对人说“我就是这样一个人，懒惰、无能、没办法！”

现在，你知道自己的形象都对他人说了些什么吗？精明能干，还是敷衍邋遢？那朴槿惠的形象又是什么样呢？她的形象就是能给人们带来自信和力量。

**图书在版编目（CIP）数据**

朴槿惠的品格力量 / 宋率著 . —北京 : 商务印书馆国际有限公司 , 2013.10（2014.11重印）
ISBN 978-7-5176-0051-0

Ⅰ . ①朴… Ⅱ . ①宋… Ⅲ . ①朴槿惠－人物研究 Ⅳ . ① K833.126.7=76

中国版本图书馆 CIP 数据核字 (2013) 第 186398 号

**朴槿惠的品格力量**

著　　者　宋　率
责任编辑　黄学益
出版发行　商务印书馆国际有限公司
（地址 北京市东城区史家胡同甲 24 号　邮编 100010）
（总编室电话 010－65592876　市场营销部电话 010－65598498）
经　　销　全国新华书店
印　　刷　北京鑫欣印刷厂
开　　本　710mm × 1000mm　1/16
印　　张　14.25
字　　数　180 千字
版　　次　2014年11月第1版第3次印刷
书　　号　ISBN 978-7-5176-0051-0
定　　价　35.00 元